U0875994

THE GREAT
ECONOMIC RESHUFFLE

大洗牌

改革2.0时代中国经济升级路径

左小蕾◎著

中信出版社·CHINACITICPRESS ·北京·

图书在版编目（CIP）数据

大洗牌：改革 2.0 时代中国经济升级路径 / 左小蕾著 . —北京：中信出版社，2014.5
ISBN 978-7-5086-4515-5
I. ①大… II. ①左… III. ①中国经济 - 研究 IV. ①F12
中国版本图书馆 CIP 数据核字（2014）第 059453 号

大洗牌：改革 2.0 时代中国经济升级路径

著 者：左小蕾
策划推广：中信出版社（China CITIC Press）
出版发行：中信出版集团股份有限公司
（北京市朝阳区惠新东街甲 4 号富盛大厦 2 座 邮编 100029）
（CITIC Publishing Group）
承 印 者：北京昊天国彩印刷有限公司

开 本：787mm × 1092mm 1/16 印 张：16.75 字 数：152 千字
版 次：2014 年 5 月第 1 版 印 次：2014 年 5 月第 1 次印刷
广告经营许可证：京朝工商广字第 8087 号
书 号：ISBN 978-7-5086-4515-5 / F · 3164
定 价：58.00 元

版权所有 · 侵权必究
凡购本社图书，如有缺页、倒页、脱页，由发行公司负责退换。
服务热线：010-84849555 服务传真：010-84849000
投稿邮箱：author@citicpub.com

目录

下篇 洗牌之后，战略机遇浮出水面

《智石丛书》总序

2008年以来，为应对席卷全球的金融危机，各国出台了种种救市方案，中国也依靠海量投资的注入，保持了很高的GDP（国内生产总值）增长率，被视为率先复苏的典范。但是对中国而言，研判救市措施的利弊得失，不应只着眼于短期绩效，而应有更长远的眼光。观察中国在这次危机中所暴露出的严重内外失衡是否已经获得了改善，其中的关键在于：是不是抓住了危机中趁势改革的“机会窗口”，避免还是助长了行政干预的常态化倾向。

随之而来的问题是：从近期看，可否顺利抵御系统性风险，规避“黑天鹅”事件？从中长期看，能否通过提高效率解决这一关键问题，为今后保持较为平稳的经济发展势头创造条件？所有这些，都成为一切关心中国经济未来发展，牵挂中华民族前途命运的有识之士心头高悬的一把“达摩克利斯之剑”。

为学问者，以经世济民为已任，此情此境之下，怎能不忧心忡忡，“家事、国事、天下事，事事关心”？所谓“苟利国家生死以，岂因祸福避趋之”，古人尚且如此，何况今人？

下一步该怎么走？越来越多的学者有了基本共识：继续坚持市场化、法治化、民主化的改革道路，进一步完善社会主义市场经济体制，建立包容性的经济和政治制度。只有这样，中国才有光明的未来。

重启改革的号角已经吹响，问题的关键在于怎样落实。

2012 年荣膺诺贝尔经济学奖的埃尔文.罗斯曾经在 1988 年编辑过一本纪念后来与他同获 2012 年诺贝尔经济学奖的罗伊德.沙普利学术贡献的论文集。他在书中说："学者的两大义务，一是要光大先贤的重要思想，二是要让这些重要思想能够到达范围更广的听众。"我们希望越来越多的中国学者像沙普利、罗斯这样，将思想的发展和传播视为自己的使命，孜孜不倦地对当代经济社会发展的重大课题进行深入研究，并通过学术平台传播，唤醒尘封的智识，放大理性的声音，为全面深化改革提供专业而有效的解决方案。

全面深化改革，关系到中华民族的兴亡和全体国民的福祉。积极推进改革，既是包括学者在内的所有公民不可剥夺的权利，也是他们不可推卸的责任。

这套由青年学者朱敏（朱克力）总编的《智石丛书》就是上述理念的体现。丛书的作者群以研究现实社会问题的学者为主体，内容涵盖经济发展、改革战略、民生建设、产业提升及社会创新等议题。希望通过不同思想、学说、方案的呈现、碰撞和互补，与读者一同努力创造思想，凝聚共识，推动改革，使好几代中国人致力于建设一个富裕、民主、文明、和谐现代国家的中国梦早日实现。

是为序。

吴敬琏

智石总顾问

前言

倘若没有结构调整，如何进入新一轮增长周期？

有人善意地“预测”中国经济将开启新的增长周期。其理由老调重弹，不外乎是基于新政府上台年份经济将会有高增长高投资的历史经验之谈。

这样的预测，随着中共十八届三中全会的召开，渐渐有了比较实质的战略支撑。但时至今日，对经济形势的判断，还是在稳增长和调结构之间纠结。

我们认为，国际国内的形势都在发生变化，尤其是中国已经全面进入改革2.0时代，对经济形势的分析和判断，应该换一个思路。不要对国际形势过度反应，不要刻意推动过高的增长，要尊重经济发展规律，将恢复增长与调整结构同步进行。继续停留在危机思维和使用危机刺激政策，让调结构为稳增长让路，会贻误调整和改革的时机，也等于拱手放弃后发优势。

首先，经济周期理论认为，经济增长有一定的规律。当一些领域有利润可得，投资就会蜂拥而至，推动经济快速增长。一段时间之后，大规模投资和快速发展使得主流产业出现饱和，产品库存增加，利润下降，投资减少，经济增长出现下滑。然后经过调整产业结构或者新的产业结构形成，对新产业的投资开始增加，经济将重新恢复增长。

经济周期理论指出了经济周期变化的两个关键问题。一是增长变化的原因是因为产业发展规律。产业的初期——成长期——规模扩张期——饱和期是与增长——繁荣——萧条——衰退的经济周期变化相关的。二是走出危机，进入新一轮周期的经济增长是与饱和的产业结构被调整，特别是与新的产业结构形成同步的。产能过剩，经济衰退，经济危机爆发，经济要走出危机，一方面，必须调整已经饱和过剩的产业，使其在一个新的层次上恢复投资和增长；另一方面，要找到新的增长点，形成新的产业结构，增加对新的产业结构的投资，经济才能在新的产业结构上开始新一轮的增长，进入新一轮增长周期。换句话说，新一轮的经济增长，不是在原有产业结构下简单的补库存式的恢复性增长。要真正走出危机必须促进产业结构的调整，要么是产业层次的提升，要么是形成新的产业结构，或者是两者共同成为增长动力。仅通过"恢复"和释放过去过剩产能带来的增长，并不是新一轮经济增长周期的开始，反而可能带来未来更大的问题。新一轮经济的增长一定与产业结构的调整同步。

其次，发达国家走出危机恢复增长的实践印证了经济周期理论。美国 2001 年的 IT（信息技术）泡沫危机，起源于个人电脑的快速发展。个人电脑进入 586 时代以后，开始饱和，投资下降，泡沫破灭，2000 多家 IT 公司从纳斯达克退市，导致美国经济下滑。美联储对此采取下调利率的措施，但是最后走出危机是因为一批互联网公司的创造性发展。互联网把个人电脑连接成网络，形成网络高速公路。搜索引擎又相当于高速公路上的车，将信息传播和处理的能力大幅提升。IT 产业经过大规模的整合和调整，出现全新的产业结构。谷歌、苹果公司脱颖而出，微软、IBM 公司重新定位，当然还有硅谷培养的大大小小遍布各个领域的应用平台的发展。最终，美国经济走出了 IT 泡沫危机，在新的层次、新的产业结构下进入新一轮增长周期。

现在，美国仍然处在次贷危机后的疲软增长状态。美联储已经实施多轮量化宽松政策。但是美国最终走出危机，可能是依靠以3D（三维）打印为代表的智能化制造业发展和以页岩气为主体的新能源结构。作为第三次产业革命阶段性新产业结构的代表，它们将成为美国经济发展新的驱动力，推动美国经济开始新的增长周期。当前美国制造业的回归，在完全丧失劳动力比较优势的情况下，绝对不可能是过去意义上的回流。美国制造业的回归是基于拓展更人性化服务市场的需求和智能化生产技术的发展。美国经济的危机修复，不是恢复过去落后过剩的产业来推动短期增长，而是创造新的增长动力。市场机制能够顺应经济周期的变化规律，形成新的经济增长动力，是美国经济最强有力的内生修复能力。美国次贷危机的修复，再次印证了新产业结构的形成要与新一轮增长周期同步的经济周期理论。

实际上，欧债危机虽然不是短期内能够解决的，但是必须看到，在危机解救的过程中，欧元区的体制改革也在推进，包括福利体制的改革、财政一体化的改革等。也就是说，当欧债危机得到缓解，欧元区的体制也会有一定程度的改善，走出危机和新欧元区的结构调整也是同步推进的。

中国受国际危机冲击，经济增长放缓。虽然这不是由中国本身经济周期变化引发的危机，但是中国经济过度依赖外需的经济结构的不合理性，在这次外部危机冲击下也暴露无遗。短期内应对危机，采取一些刺激政策稳定经济增长是有必要的。但是要真正走出危机的阴影和影响，不能长时间停留在危机思维——依靠应对危机的短期举措，释放已经过剩的产能，“稳定”过去不合理的产业结构下高投入产出比的低效率增长。特别有误导性的是，短期政策释放的信号是维持局面，被动等待发达国家“恢复”过去的增长结构和市场；而事实上，不论是根据经济周期理论还是发达国家应对危机的实践，走出危机都不是一个简单的“恢复”过去的概念，而是一个主动变革的过程。我们不主动变革调整，让结构调整为短期的“增长”让步，是违背经济规律的。等发达经济体真的调整到位走出危机后，我们在体制、产业结构以及技术进步上将再次变成“落后”国家。

近来中央出台的一些政策，调整了思路，显示了按照经济规律发展经济的科学态度，旨在解决产能过剩、恶性竞争等突出问题。这与经济周期变化必须与产业结构调整同步的理论是一致的。

新型城镇化带来清洁能源使用的巨大市场，将带动清洁能源产业的发展，服务消费的巨大需求也将推动多层次服务业的发展，以及信息化城市将带来信息产业的发展等，这些都与新的经济周期必须形成新的经济增长引擎的理论一致。

从当前发布的政策中，我们看见尊重规律的新的发展思路。需要注意的是，与发达国家修复经济的市场调节机制不同，国内还是政府主导、政策引导的结构调整。在这样的体制下，各级政府的执行力是否到位是关键。不论是对落后产能的调整，还是新型城镇化可能推动的按照产业规律发展的新产业结构的形成，都与一直以来以GDP增长为导向的发展理念不同，也就一定会遭遇与相关利益群体的博弈。这也就是为什么针对产能过剩的调整不断受阻，越调阻力越大，同时也是清洁能源产业还没有在国内大规模使用、替代不可再生能源的战略思想还没有开始实施就出现产能过剩的原因，也是新型城镇化被“一厢情愿”地解读为房地产调控政策放松、房地产价格被推动上涨的原因。

中国经济要按照经济发展规律进入新一轮增长周期，在结构调整上达成共识是第一步。政策执行上的阻力是不可忽视的。要特别注意防止在执行层面再次让调结构给短期增长让步，甚至为了短期的投资增长制造系统性金融风险。而如何细化调整不合理的结构，按照产业发展规律推动新的产业结构形成，也是一篇巨大的文章。

就像明星总会有“绯闻”一样，作为当今全球经济舞台上的当红明星，中国也总是惹来各种各样非议的声音。发端于美国的金融危机爆发以来，中国尽管是新兴市场国家中率先走出危机的“佼佼者”，但仍然少不了被各类外资银行和评级机构质疑并“唱空”。

诚然，后危机时代的中国，有自己的问题，诸如经济增长放缓、地方债风险、银行坏账隐忧、房地产泡沫和产能过剩等。然而，只要认清国内外形势，看清自己的优劣势，知己知彼，中国就应当不畏“唱空论”、“威胁论”。中国正处于调结构、促转型的关键时期，我们需要有战略家的思想，不计较短期内一城一池的得失，同时必须开始习惯中低增长速度，着眼于长期的可持续发展。未来的中国，只要凝心铭志，坚定不移地推进改革，就一定可以打造中国经济的“升级版”。

上篇

洗牌之前，先揭开经济的面纱

■ 经济的视野：多一些科学，少一些娱乐

■ 理性预期与泡沫风险

■ 把通胀关进笼子里

第一章

经济的视野：多一些科学，少一些娱乐

2013 年 *10* 月，诺贝尔经济学奖揭晓，三位应用金融观点的代表人物获奖，昭示出全球化的经济学理论危机。

近些年来，中国当下的经济学家则遭遇信任危机，一些依靠“雷人”言论博出位的所谓“明星经济学家”哗众取宠，频频占据舆论头条，经济学娱乐化倾向严重，严肃的经济科学研究与分析匮乏。

作为一门研究资源有效及优化配置的严肃科学，经济学是担负“经世济民”责任的深沉学问。经济学家应该担起自己的责任，建言献策，帮助思考与解决国家当下及未来的经济问题，而不是沽名钓誉，“儿戏化”地发表经济言论，误导经济政策。

诺奖昭示的经济学理论危机

2013年，诺贝尔经济学奖肯定了三位大家的学术成就，同时引起了公众对经济学理论危机的关注。

首先，这届诺奖没有颁发给基础理论研究领域的学者，而是颁给了一些应用金融观点的代表人物，这违反了诺奖鼓励理论研究的基本原则。而且，应用性结论必定有很多假设，在实际金融活动中，这些假设条件不满足是不能应用的。瑞典皇家科学院的颁奖声明中提到三位诺奖得主的贡献，“预测股票和债券在更长时期比如3到5年的整体价格走势是非常可能的”，可是，如果没有足够的假设条件，证券市场的价格走势不论长短期都是不能预测的，特别是在希勒（Robert J. Shiller）教授的“非理性市场”假设下。也就是说，这些结论非常脆弱，不能被市场充分印证，绝对没有一般性指导作用。这又违反了诺奖的第二个原则，理论要在相当长的时间内得到实践验证。这就是为什么诺奖的自然科学奖通常都是授予某项已经问世几十年的理论。

这当然不是诺奖第一次垂青应用领域，前几年诺奖也曾授予做货币政策实证研究的学者，还曾授予研究计量模型、连获奖者自己都觉得意外的学者。应用领域的学者频频得诺奖，显示出经济学正遭遇严重的理论危机。诺奖授予两位同一领域持有截然不同观点、结论背道而驰的学者，也有某种忽视学术严肃性、寻求人际关系平衡之嫌。

诺贝尔经济学奖坚持其基本原则才能保持其权威性，才能按照设立者的初衷，鼓励各界学者和科学家在理论空间探索遨游，更深刻地认识世界，认识人类各种经济和非经济活动的本质，真正为推动人类的发展做出贡献。

其次，瑞典皇家科学院认定的本次经济学奖得主的研究成果——对资产价格的认知——是很不成熟的。其中两位得主关于资本市场本质是有效还是无效，理性还是非理性的讨论，得出的是完全相反的结论。

有效市场假说，是符合经济学研究的思想方法的。经济学研究假设人是理性的，其所有理性的判断反映在价格上，从而信息充分对称，使市场显示了它的有效性。从方法论的角度，不应该质疑关于人性的假设。经济学研究从来就是在给定条件下证明一些结论，如理性假设不成立，市场就不是有效的。不管怎样，按经济学研究的逻辑，有效假说认为资本市场的"本质"应该是向高度透明和公开公平的理性的有效市场方向发展。

希勒教授的"非理性繁荣"假设人性贪婪，认为是从众心理因素主导人们的投资行为，从而导致资本市场上人们的非理性金融活动。这种对资本市场现状的描述，应该说是非常形象的。但如果希勒教授认为或被其引导的各路金融活动参与主体认为，资本市场的"本质"就应是非理性的，而不去寻求制度性的约束变人类的"非理性"行为为"理性"行为，认为人类的"动物精神"应该永存，则其理论很难被认为是有益于推动人类进步的思想。认定和维护资本市场的"本质"是人类非理性活动的必然结果——也就是"动物精神"这一理论，是对人类进步的反动。从这个意义上说，这也违背了诺奖设立的初衷。

至于从对资产价格的认知出发，探寻金融危机防范之策，而不从美元本位的国际货币体系、资本市场当前扭曲价格体系的制度，以及被制度扭曲的金融行为去探讨危机根源，恐怕会得出南辕北辙的结果。似是而非的结论，更可能会误导探求真理的方向。

比如，对于“太大不能倒”的所谓系统性风险，金融机构最有针对性的解决方式或最有效的防范方式，应是拆分大金融机构为若干中等或小型金融机构，以使系统性风险下降。但是我们看到的却是，制造危机的大机构越做越大，作为主要金融监管机构之一的美联储出台的所有政策都是在支持“不能倒”，而不是在防止大机构的系统性风险进一步扩张。“两房”当下的繁荣便是最突出的例子，高盛还加入以规模论“座次”的道琼斯指数的30只成分股。

希勒先生2010年曾有一本讨论危机原因的著作在中国出版，出版社邀请笔者为其写篇简评，因此笔者认真拜读了这本专著。坦率地说，笔者十分失望，全书通篇都在强调信息技术不完备和信息的不对称是危机的根本原因，而完全没有从本质上去探讨危机的根源，回避了所有实质性问题。华尔街引发的海啸式全球金融危机至今还在困扰世界经济，这岂能仅从技术层面来解释？仅从技术角度分析危机原因，说得严重些，有混淆是非之感。相关方面曾希望笔者修改那篇简评的主要观点，把评论变成该书的序言。但笔者不认同希勒教授对危机原因的分析，坚持不修改那篇评论的基本观点，因此失去了为大师著作汉译本“作序”的机会。

全球化释放的正能量和负能量，特别是本次由美国引发的金融危机，也同时引发了经济学和金融学的理论危机。无疑，推动经济学像其他科学领域一样不断提出解释金融危机的新理论，攀登理论高峰，尚需时日。笔者今天依然认为，若沿着这届诺贝尔经济学奖得主的基本研究思路，从资本市场“存在即合理”的认知出发去探讨危机，反思危机根源，恐怕很难求得真相。

经济学娱乐化和经济学家的使命感

从西方经济学的学术定义来讲，经济学是应解决资源稀缺问题需要而形成并发展起来的学科。由于人的欲望与资源稀缺性的矛盾，必须有一门专门学科来研究和解决资源配置和利用问题，于是便有了经济学。我们常说某个决策或行为“经济”或“不经济”，就是从资源配置和利用的角度考量，资源配置和利用的效率高，就是“经济”，反之即是“不经济”。

经济，其实是外来词，是日本人率先使用的，后来被借用到中文里，指称具有同样意义的学科。事实上，在中国的传统中，就有“经世济民”的学问，从实质上讲，“经世济民”其实也就是资源配置和利用的问题，在生产、分配、流通、消费的各个环节，完成好资源的配置和利用，也就从根本上实现了“经世济民”。

中国不乏具有“经世济民”历史使命感的经济学家。薛暮桥、孙冶方、于光远等老一代经济学家让我们由衷地敬仰。然而，不幸的是，在名利主义盛行的今天，还有很多的所谓“经济学家”放弃了学术信仰，丧失了经济学人应有的历史责任感，沦为名与利的奴隶。他们或为利益集团代言，或沽名钓誉，而全然不顾社会赋予他们的职责和使命。

事实上，经济学家的明星化、娱乐化倾向，正在不断削弱经济学家群体的公信力。曾有调查显示，专家学者在公众心目中的信任度低至14%。君不见，互联网上群情激奋地声讨“砖家”的景象，甚至有大骂其为利益集团“走狗”的声音。冰冷的数字和沸腾的怨气，启人深思。

另外，客观地讲，经济学娱乐化，不可否认有经济学家丧失科学精神和历史使命感的原因。但另外三个方面的原因也不可忽视：一是媒体不顾新闻原则，断章取义，迎合公众情绪的娱乐化渲染；二是公众不加分辨，罔顾事实，“痛打落水狗”的惯性思维；三是社会对经济学家等专家群体期望过高，把经济学家神话成预言家，或者当作道德的标杆。总之，在利益多元和诉求多样的转型期中国，经济学家的一言一行、一举一动都牵动着社会公众的情绪和思维。

经济学家是一群什么样的人？

那么，经济学家是一群什么样的人？社会上，不时就会有对经济学家评头论足的高论。心平气和地讲，经济学家是人不是神，经济学家也不是一个道德符号。我们在平心静气地还原经济学家作为“人”的本来面目的同时，也希望转型时期的人们能够少一点心浮气躁，多一点宽容理解，少一点评头论足，多一点客观理性。

那么，什么样的人可以当得起“经济学家”的称号？如果将经济学家定义为“诺贝尔经济学奖获得者”，那么在中国，到现在为止没有经济学家，目前似乎也没有产生这样的“经济学家”来填补这一空白的迹象。而且，这样的“经济学家”恐怕在全世界也是屈指可数。若是按美国大学的学术体制定义，在体制内做学问的才是经济学家，那么据说从来没有在著名学术期刊上发表过学术论文，但却执世界经济之牛耳达 18 年之久的前美联储主席格林斯潘先生，似乎也不能入围“经济学家”之列。

经济学，按照亚当 · 斯密的定义，如前文所述，是研究资源有效配置和优化配置的科学。所以，经济学并不完全是在象牙塔的封闭空间内闭门造车的活动，而是与经济、社会生活密切相关的社会活动。经济学家们有自己的学术流派和学术领域，经济学的研究方法论也有规范研究和实证研究之分。经济学家们有各自的立场、观点和工作方式，只要他们具备其工作要求的职业道德、专业水平、敬业精神，对经济理论和实践有所贡献，就应得到尊敬和回报。

对"经济学家"的误会，可能是翻译惹的祸。这个名称，在英文中对应的是"economist"，是英文中一个很普通、很中性的词，没有任何拔高的意味。但翻译成中文，带了"家"字，殊不知在中国，一旦被称为"家"就非同小可，就一定要有"大家"的风范和水准。如果把"economist"这一英文词翻译成"经济学者"、"经济工作者"或"经济学人"等称谓，或许就不会有这样的误解，民众不会对经济学人这个身份有过高的期望。

经济学家，首先是人，也要先解决"吃喝拉撒睡"等根本生存问题，才能从事其他活动。不能用"高尚的"道德标杆绑架经济学家，把他们的劳动定义为"义务劳动"。许多诺贝尔奖获得者应邀到中国访问，除了名扬中国以外，也往往有丰厚的回报，可谓"名利双收"。但是，古今中外，学术研究的成就才是一个人真正的"功名"，投身经济发展和经济改革的实践往往与牺牲和奉献联系在一起。

当代中国经济学家的历史使命感

经济理论的发展与一个国家的经济发展水平和经济实力是密切相关的。20世纪30年代，宏观经济学理论出现重大突破，著名的凯恩斯经济理论产生在英国，而不是经济大萧条最为严重的美国，应该说，这与英国受益于三次工业革命，经济实力大大提升有不可分割的关系。

人均收入1000美元和人均收入3万美元的经济体，其考虑的问题和需要解决的问题是不同的。人均收入30倍的差距，提供了在更高层次上的发展空间，包括理论研究。这大概是诺贝尔奖获得者，除了文学奖和和平奖，80%都出在美国的主要原因之一。人均收入1000美元的经济属于“发展中”国家的经济，需要面对许多发展过程中最沉重、最基础的生存问题。受经济发展阶段的限制，我们必须学会“有所为”和“有所不为”。当前，人民和国家更需要帮助解决生存问题的经济学家。

尽管当下的经济学有娱乐化倾向，但应该说，当今中国的大部分经济学家，还是非常具有历史使命感的。这里，需要区分纯粹追求功名利禄的庸碌之辈和取之有道而实至名归，得到社会认可的经济学家。应该注意到，在这个群体里有这样的人：为完善农民的基本卫生保障体系在陕西黄土高原上东奔西走的经济学家们；自己出钱出力引进国际扶贫先进经验，并身体力行在穷乡僻壤的山西龙水头推动小额贷款模式、致力于帮助农民脱离贫困的尝试达十多年之久的经济学家们；在河北某村为农民的共同富裕不辞辛劳、不怕挫折帮助农民组建自己的合作社的经济学家们；创办非营利的专门为农村妇女进城工作进行职业培训机构的经济学家们；为了建设新农村、改善9亿农民的命运，呼唤“新农村运动”的经济学家们；为中国的经济改革献计献策劳心劳力的经济学家们；亲力亲为参与中国的国企改革、体制改革、经济改革的经济学家们；孜孜不倦推动经济理论发展的学术界的经济学家们……

有人问曾经参加过第二次世界大战，58次升空作战，出生入死，死里逃生的前美国总统老布什先生是不是英雄。老布什先生回答：“不管我是不是英雄，我和英雄们并肩战斗过。”这是何等的胸怀！老布什先生的境界和情怀，令人敬佩。虽然当今中国的经济学家们的贡献远不如战争年代里的那么精彩，但作为经济工作者，我还是与老布什先生有同样的骄傲：不管我是不是经济学家，我和这一代的经济学家们一起为共同的目标和理想努力过。

莫让宏观经济研究沦为“宏评”

当下的经济学界，有一种错误的思潮，足以引起我们的警醒。对宏观经济的严肃研究不见了，取而代之的是大行其道的“宏观经济评论”，以“评论”代替“研究”，这样的分析方法论将把学界带入歧途，也会给经济决策带来负面影响。

2013 年 4 月中旬，国家统计局公布我国第一季度经济增长为 7.7%。当天，股票市场受经济增长弱于 8%的所谓增长“预期”的“评论”影响而出现下跌。当夜美国股市也出现数月最大跌幅，被“解读”的下跌原因之一也与中国经济增长低于“预期”、担心中国经济进一步增长乏力有关。戏剧性的是第二天，国内和纽约股市不同程度地出现“反弹”，虽然中国经济没有在第二天发生与所谓“预期”相符的增长速度转变。

将与“预期”不符作为经济运行弱势的解读非常荒谬，股市因为与“预期”不符而下跌这一“因果”关系更荒谬。因为“预期”的主观因素很多，“预期”与经济实际运行的情况不符只能说明“预期”不对，忽悠民众把“预期”当真，并借“弱势解读”影响资本市场是典型的投机行为。

再如，2013 年上半年就有美国学者指出，根据过去几个月的数据推测此后美国经济趋势的所谓经济动态分析是不合适的。他举出关于就业数据分析的例子——如果企业在每年的 1、2 月招工，以后的 3、4、5 月可能就都不用招工，从数据上看冬季就业形势强劲，春季就业形势疲软，但这并不能说明就业形势是改善还是恶化。所以根据1~2月就业数据强劲就解读其为2013年美国经济复苏强劲，3~5月就业数据疲软就解读其为2013年美国经济复苏疲软，结果是自己都不能自圆其说。这位学者的意思是，不能仅仅根据短期的数据对美国经济做出过于乐观或悲观的判断。

我们认为，这不是简单的判断失误，根本的问题是宏观经济形势分析的思想方法出了问题。自危机爆发以来，以美国为首的全球经济界，包括国内的经济界对经济形势的分析都误入了歧途。

2008年，美国爆发百年不遇的危机，重创全球经济，美国出现10%的失业率，为20多年来最高；所有发达国家经济都大幅衰退，国际贸易也出现负增长。中国经济也风云突变，经济增长大幅下滑，2000万农民工返乡。资本市场更成为惊弓之鸟，道琼斯指数几乎是一夜之间跌去市值的一半。每一个宏观数据变化都可能带来股市惊心动魄的震荡。这一时期，全球宏观经济数据分析出现几个特征：第一，数据受到史无前例的高度密切关注；第二，对数据的微小变化极度敏感；第三，每一个数据都被铺天盖地地重复解读；第四，对各类宏观数据出现超短期预期并调整频繁；第五，出现带有挟持意味的政策预测分析。宏观经济形势的“研究”演变成了“宏观评论”。

危机时期形势确实瞬息万变，对一些当期数据进行即时的分析，对判断形势是否已经开始稳定有一定的意义，对稳定民心增强信心也有一定的作用。但是这并不意味着这些分析思路是正确的。特别是在现在，形势已经发生变化，虽然我们尚未彻底摆脱危机的影响，但已经不是处于危机状态，继续采用危机思维和危机的分析方式，就有可能误判形势，误导政策，也误导资本市场上的投资行为。对宏观经济形势的分析不能再继续危机时期的“危言耸听”，对经济形势的判断也不能再被似是而非的“预期”误导，宏观形势分析应该回到讲道理的思路上来。

首先，对经济形势的研究应该淡化短期“预期”的影响。所谓“预期”如果是基于“理性预期”的假设，需要充分对称“过去”已知和当期已知的信息。绝对不可以仅仅依靠几个当期数据就“即兴”对未知形势做出“预期”，更不能做出趋势性的判断。即使是“理性预期”也只能供参考，而不能完全“当真”。现实世界中还有许多统计学中的“噪声”、概率论中的“随机”现象，以及计量经济学意义上的偏离回归直线的“散点”，社会和市场上所谓“黑天鹅”等不可预知事件的发生，都会干扰对过去和当期已经发生事件的判断，使“预期”与真实“不符”。即使像国际货币基金组织这样权威的国际机构对中国和全球经济的“预期”，也鲜有准确发布的时候，每个季度关于经济增长的“预测”被调整是“常态”。美联储对美国 2011 年经济的“预期”，也遭遇“不靠谱”的批评。一些大机构对美国经济屡屡是在年初有乐观甚至“超预期复苏”的判断，但几乎都被之后“疲软复苏”的现实置于尴尬的误导误判的境地。

至于一些迎合投机需求、刻意制造投机机会的导向性很强的“预期”就更糟糕。比如，中国经济明显显示出潜在增长率将缓慢下降的各种信息，政府通过引导性增长指标的设置也放出尊重经济规律而不以过高增长为目标的信号，一些机构却仍然给出对中国 2013 年经济增长 8% 或者更高的预期。对这种无视基本信息的“预期”目的有两种猜测。第一，是希望中国政府像过去几年那样，仍然保持GDP短期高增长的偏好，反规律出台政策拉动短期更高的增长，使其他经济体从中受益。第二，为已经布局的投机资金“造势”。比如，中国经济保持高增长“预期”，会支持人民币不可交割远期市场（NDF）的人民币升值“预期”。而“与预期不符”明显起到了为前期的做空布局制造套利机会的作用，2013 年 6 月以来，金价大跌使做空者获利的结果似乎印证了这种猜想。

在信息爆炸的时代，人们都希望有人来梳理信息，然后零成本地获取“被梳理”的信息。因为话语权和影响力的竞争，也存在免费的“被梳理”信息的供应。人们很容易在不知不觉之中被“梳理过”的信息所引导，出现“一哄而上”的羊群效应。最典型的是资本市场，人们自愿接受这些“预期”甚至把“预期”当成目标，对所谓“预期”具有病态的过度关注和神经质的敏感反应，把是否“符合预期”变成重大利好或利空，不该涨的时候涨上去，不该跌的时候跌下来，造成资本市场的大起大落。

在国内经济形势呈现明显稳定态势，世界经济复苏过程中的波折也变成“常态”的大环境下，人们有必要对铺天盖地的各类“预期”保持一份清醒。将其作为参考未尝不可，但是迷信“预期”，把“预测”当“真”就是愚民愚己走火入魔了。

宏观经济研究也需要“走出”危机思维，尊重经济运行规律，不必对数据的微小变化极度敏感；不必对每一数据都做铺天盖地的重复解读；不必对各类宏观数据频繁给出超短期的“预期”后又频繁调整；不必像华尔街那样做带有挟持意味的政策预测分析。宏观经济研究应该梳理不同数据背后经济变化的逻辑，把道理讲清楚，而不是做一些像“股评”一样的宏观技术分析，对宏观经济做出各种宏观评论。宏观经济研究只有走出“宏评”的误区，更客观地把握经济形势的变化趋势，才能对企业和投资者起到实质性的帮助，并对相关政策的制定具有参考价值。

打造经济分析报告的“升级版”

2008年，美国爆发金融危机，经济和金融形势瞬息万变。在这样的情况下，及时发布一些报告对一些当期数据进行即时的分析，对判断形势是否已经开始稳定有一定的意义，对稳定民心、增强信心也有一定的作用。但是这并不意味着对经济数据做短期解读式的分析思路就是正确的，特别是在当下形势已经发生变化，虽然尚未彻底摆脱危机的影响，但已经不是危机状态的时候，继续采用危机思维和危机分析的方式，将可能误判形势、误导政策，也误导资本市场中的投资行为。上文提到的那位美国学者，就以美国一些分析人士对美国经济形势屡次误判为例，指出用短期月度数据判断经济变化趋势这种分析方法的误区。而因中国2013年第一季度的经济增长数据与预期不符而来的铺天盖地的分析报告，引起国内资本市场和美国资本市场大起大落的现象，也印证了对经济数据进行短期解读将可能产生的误导作用。宏观经济形势分析不能再继续“惊弓之鸟”式的危机思维，也不能再做似是而非的“预期”误导大众，换句话说，对宏观经济形势的分析应该回归以经济变化规律作为依据的思路。

首先，发布宏观经济形势分析报告要尊重客观规律。经济在常态运行的情况下，通常不会在月度或者更短的周期内，如一周内出现明显的实质性的变化。所以，做宏观经济形势分析，不必每周都发布研究报告，甚至月度报告也不是非常必要，因为如果短期内形势相对平稳，相邻月度数据不会有太多的新的信息。频繁的“周报”和“月报”容易导致一种恶性现象，即本期报告重复上期报告的“判断”和“预测”，而重复解读相关政策的每一个动作会不断“制造”和“强化”政策的“预期”，从而造成以人的主观预期代替客观规律，规制了经济发展的活动。如此违反经济变化基本规律，不断叠加和强调信息，最终是扭曲并扩大了信息的影响，使大量不做功课的报告受众被误导。所以，尊重客观经济规律，使信息释放正常化，首先有必要合理降低发布经济分析报告的频率。

其次，对宏观数据进行分析，不要过度解读，更不要随意发挥。要按照不同数据包含的信息和所反映的经济状态，做符合宏观经济形势变化规律的分析。一般情况下，对一些因常识性或者季节性以及其他一些规律性原因引起的变化，包括因国家体制性的原因产生的月度数据变化，不要过分强调其数据差异，更不要刻意找一些理由以达到“解读有新意”的目的。正像那位美国学者所指出的，月度数据不能作为趋势判断的依据。过于频繁地评论分析，做似是而非的解读，相当于是对相同信息的重复使用，或者说同样的信息被叠加使用，这些都会放大数据所释放的信息的影响。

现在，老百姓越来越关心与自己生活密切相关的经济问题，但他们不具备经济学的基本知识。对CPI（居民消费价格指数）增长、GDP增长、银行信贷、货币政策等这些老百姓似懂非懂却又“被引导”需要特别关注的经济指标，切忌信口开河地进行即兴“分析”。背离数据本身反映的问题范围，刻意和牵强地将其与老百姓关心的问题相联系，容易误导他们对经济数据做出错误解读，最终扭曲各市场主体的行为，包括生产者行为、消费者行为和投资者行为，对经济发展有百害而无一利。特别是在资本市场上，这种由误导产生的“羊群效应”非常容易导致经济反规律的大起大落，上演国内外资本市场上不理性的投资闹剧。

对通胀和货币政策的研究也不能停留在肤浅的数字解读层面。我们有必要对通胀现象的本质、通胀的规律，以及货币政策是如何调控通胀、保证经济的平稳运行有更深入的认识，避免由信口开河造成的误导。

关于宏观政策的作用，不要简单地将其与短期资本市场上的投资行为联系起来。比如新兴产业的扶持政策出台，并不意味着明天就应该去炒作相关概念的股票；房地产调控政策出台，也不意味着所有地产股票应该明天就被抛售。宏观政策和产业政策对投资的影响，不管是利好还是利空都应该通过对具体公司情况的分析来释放，否则只不过是利用政策制造波动而已。

再次，在当前这个全世界只看结果不问过程的年代，“预测”的随意性和导向性值得注意。希望相关分析不要在每个数据即将公布前发布一些猜谜似的“预测”去影响各方面的心理预期，频繁制造“与预期不符”的现象误导市场和政策。希望宏观指标的季度性预测结果，也像其他分析预测一样进行必要的风险披露和说明，并承担责任。

最后，我们认为，在经济转型过程中，宏观经济形势研究应该更多关注对有效投资需求的分析、关注产业结构调整的进展以及新的产业结构形成，从中发现具备成长性的投资领域和新生产力的突破口，发现未来真正的经济活力所在，从而更准确地把握经济增长的趋势。

2013 年 4 月，李克强总理召开宏观形势分析座谈会，强调要把力气更多地放在推动经济转型升级上，依靠深化改革增强发展“后劲”。我们理解当前要抓住的战略机遇——推动中国经济增长的“升级版”，要比拉动在经济增长“过去版”上的高增长更重要。

所以，关于宏观经济形势的研究报告，要改变对经济增长形势的判断反复纠结在零点几个百分点增长上的“过去版”的短期分析思路，而发布对当前经济增长潜在增速的研究，要对中国经济现阶段年均7.5%左右的增长是否正常，是否符合经济规律做出合理的分析，在这样的基础上，对经济增长速度的判断才有说服力。报告对政策的分析要建立在对整体经济形势客观判断的基础上，而不是那种统计数据与“预期”不符就要求政策调整去实现预期的荒谬逻辑。对政策影响的分析要符合政策实施和操作的规律和规则，切忌想当然，牵强附会、似是而非。对宏观经济形势的分析要加强所谓的“中观形势分析”，即行业和产业形势分析，从行业形势变化中去把握投资、消费和进出口形势的变化和经济的增长后劲，把握中国经济的“升级版”的态势。从这个意义上讲，我们的宏观经济形势研究也需要打造宏观经济分析报告的“升级版”。

“儿戏化”的货币政策要不得

宏观经济分析不尊重客观规律，出现“娱乐化”倾向的一个重要表现是在对货币政策的认识上，即认为货币政策要随着CPI的短期变化而改变，这是将货币政策“儿戏化”，最终会弱化货币政策在宏观调控方面的作用，造成宏观经济更大程度上的不稳定。

危机以来，世界各大经济体都推行降息或量化宽松的政策，这样做的目的是促进经济增长，刺激企业需求，增强企业对经济的信心，以便促进经济的复苏。美国先后实施了数轮量化宽松的货币政策，持续购买“两房”打包转卖的信贷机构贷款、金融机构发行的与信贷有关的证券化衍生品，以及相应的结构化衍生品，托高了美国股市及衍生品的公允价值，救活了“两房”和金融机构并恢复了其“赚钱”功能。虽然美国经济恢复态势仍然疲软，失业率没有实质性改善，但股市却热火朝天，道琼斯指数已经超过危机前的水平。然而，这样的直接效果是使得资本市场对通过印钞票刺激股市上涨像患了鸦片瘾一样，无法摆脱。随后，日本步美国之货币宽松政策后尘，欧洲央行数次降低利率并有向零利率“进军”趋势，英国央行则宣布了利率不变、扩大资产采购的量化宽松政策，效仿美国开始“印钞”时代。

这样，为了延续量化宽松的环境，通过频繁地对短期宏观数据做趋势性分析来挟持货币政策就成了一个有利的工具，使本来属于“黑天鹅”似的超常规的量化宽松政策，在“预期”与“与预期不合”的反复无常的形势分析中，一轮一轮地变成寻常的“白天鹅”。

事实上，危机复苏本来就是一个缓慢的过程，美国以印钞票救助金融机构为主的方式实际上是在延缓实体经济的复苏。另外，由于欧债危机的影响叠加，经济复苏过程跌宕起伏，宏观数据不稳定是完全“正常”的，符合规律，且与危机复苏过程的不稳定相一致。利用危机恢复期宏观数据的不稳定性制造宽松货币政策的“预期”，有误导货币政策之嫌。

因为利益导向，这种“与预期不符—经济弱势—宽松货币政策”的分析思路，不仅为日本和欧洲效仿，也逐渐成为中国货币政策情有独钟的一种范式。

我们注意到，危机以来，国内外对中国经济形势的“分析”和“预测”越来越多。特别是近年来，由于大环境和比较优势的变化，中国经济潜在增长率适度放缓，事实上这完全符合经济规律，也具有稳定性。但是，基于各种目的的“预测”无视中国经济发展的这种规律性变化，屡屡给出符合自己利益的“预期”判断。结果使“与预期不符”的现象频繁出现，使得经济增长弱势的推断“被确认”，按照“弱势复苏货币宽松”的范式，建议货币政策宽松就变得理所当然了。

但是，人们似乎忘记了，关于经济增长的“预期”，并不是真实的经济运行状态，更不是按照经济规律设置的增长目标。经济增长的“预期”带有很大的主观意愿，要货币政策调整去实现预期，这真是“滑天下之大稽”的荒谬逻辑。最重要的是，不首先搞清楚货币是否是经济增长的“动力”，中国经济增长放缓是否是因为“缺钱”这样一些根本问题，就信口开河地“预期”货币政策宽松，在某种程度上这是挑战相关方面的智商。

这一范式对货币政策的短期操作分析也存在“儿戏化”的解读。中央银行一进行正回购就解读其为“货币政策紧缩”，一进行逆回购，又马上解读其为“政策转向”。制造了各方对货币政策的不合理的短期“预期”，也增加了包括资本市场在内的经济和市场的无序波动。

每个月定期发布的通胀数据更是制造对货币政策“预期”的最好机会。这个月CPI涨幅较高，就释放货币政策“紧缩预期”信号；下个月CPI涨幅下降了，又预期货币政策有宽松的环境。

实际上在正常情况下，货币政策目标不论是通胀方面，还是经济增长方面，或者有更多元的方面都是以年度实际情况为准的。2012 年，货币政策目标M2（反映货币供应量的重要指标）增长 14%，但在这一年，有若干月份M2 增长都高于 14%，但最终统计，全年货币供应量增长是 13.8%，在全年货币增长目标之下。2013 年第一季度，M2 增长 15.6%，大大高于全年货币政策目标 13%，这不等于说 2013 年的货币政策目标已经改变。至于每周的公开市场操作与经济活动阶段性增长的货币需求有关，与经济运行年度规律有关，与银行各季度的信贷分布特点有关，更与当周到期的票据总量和资本流入平稳流动性的需要有关。把每周的公开市场操作解读为货币政策的宽松或者紧缩是缺乏常识的表现。在当下这个急功近利的时代，这样“儿戏化”的解读有极大的误导效果。

而经济运行指标包括CPI的变化，在正常情况下，短期内不会有方向上的大起大落。造成CPI短期内发生变化的季节性因素，或者一些不规律事件，包括“猪的蓝耳病”对猪肉价格的影响、“H7N9”对鸡肉价格的影响等，都不能解释为通胀形势恶化或者通胀形势改善。通胀与经济增长一样有一定的规律性，CPI增长的月度变化大多数只是增长幅度变化，不会出现“不是通胀就是通缩”的极端转变，货币政策也从来不是非紧即松的两极变化。如此“儿戏化”的解读，最终会弱化货币政策宏观调控的作用，也会给宏观经济环境造成更大的不稳定性。

所以，我们不能继续像孩子般做货币政策“预期”的游戏了。宽松的货币政策是“危机政策”。中国的问题与美国和欧洲的不一样，不要把“黑天鹅”变成了“白天鹅”。

中国经济增长也不是没有钱的问题。2012 年，中国经济增长 7.8%，银行新增信贷 8.2 万亿元，社会融资总额 15 万亿元。高于经济增长的银行信贷增长，两倍于经济增长的融资总量，一方面显示出市场有效投资需求匮乏，投资效率很低；另一方面说明过量的信贷增长和社会融资并未流入实体经济，可能潜藏政府融资平台和金融市场的系统风险。2013 年 6 月的“钱荒”，也不能说明中国经济缺钱，而只能说明资金配置的结构性失衡。过多的货币发行将降低货币信用，不仅会带来通胀的风险，也会削弱货币政策对宏观经济的调控能力。国内出现的抢购黄金行为，已经显示了货币超发的信用风险。未来的经济发展不能延续这种依靠印发钞票和资金堆砌的增长方式。

第二章

理性预期与泡沫风险

稳政策、稳增长、稳通胀是当前重要的经济目标，“稳”是国家各种调控政策的一大基调。当前中国面临着异常复杂的国内外政治经济形势，必须对经济各指标做理性预期，预防泡沫风险。

要做到理性预期，首先是要对稳基调决策的合理性与科学性做论证与分析，使其切实贴合当前的经济形势，从而使相关决策更加科学以及科学地被执行。

对于当前股市来说，则需要警惕所谓交易方式的“创新”，要注意到证券市场“创新”与科技创新不是一回事，以高科技交易系统的“创新”和复杂衍生工具创新为指标来判断证券市场的发展程度是一种严重误导。

房地产市场是中国经济当前的敏感点，必须完善房地产调控的各项制度，把房地产市场建设成为经济和社会发展的“稳定器”，而不是经济危机的策源地。

而国家资本主义并不必然能避免金融危机这一理念认知，应该被更多的人知晓。

“稳”基调的科学性

稳政策、稳增长、稳通胀，被视为当前重要的经济目标，“稳”显然是一大基调。在国内外复杂的大环境下，有必要对稳基调决策的合理性和科学性做进一步的分析，才能使稳基调更深刻地被理解被实施，帮助实现既定的稳定的经济目标。“稳”是一个连续的概念，“稳”也需要一个基准。目前，我们理解当前的经济形势是以上年度的经济形势为基准，而经济指标也“稳”在上一年的水平上。

为什么稳基调要以上一年的经济形势为基准？这需要对该经济指标进行基本评估，以确认其是否合适作为当前经济指标的参照标准。

第一个经济指标是经济增长水平。2013 年经济增长既定目标的实现已是定局，像许多观点描述的那样，相对危机之前的两位数增长，中国经济确实在放缓。但是对经济增长水平的认识不能仅停留在“单边”描述上，我们需要进行更全面的判断，要从“另一边”做出解释，看经济增长下滑至 9% 是不是正常，是不是更合适、更符合现阶段的经济条件和环境。

经历了三十年高速增长带来的长足发展后，中国经济进入新的发展阶段：劳动力红利逐渐消失；能源需求大幅增长，石油进口已经占到总需求的 50%，发改委报告指出 2015 年将上升到 60%；环境资源也被严重透支；前面提到的外部增长方式的变化将倒逼加工贸易的转型。中国经济完全依靠低成本优势的粗放式增长已经走到尽头。

以近年来的经济态势为例，25%的投资增长，9%的GDP增长，这意味着近3个百分点的投入只实现1个百分点的产出，意味着中国经济步入了经济学意义上的规模递减效应阶段。在这个阶段，在短期内技术进步和制度性的改变不会发生的情况下，生产曲线不会向上移动。如果中国经济继续追求更高的增长，需要超过3个百分点甚至更高的投入才能带来1个百分点的产出，造成更大的没有效率的增长结果。如果适当放慢增长速度，中国经济可能处在生产曲线上2个百分点的投入带来1个百分点的产出的相对优化的位置。与现在的投入产出比相比，经济增长质量和增长效率将得到一定程度的改善。

中国经济的潜在增长率已经发生变化。在短期内没有重大技术进步带来改变的情况下，按照经济规律，中国经济增长的潜在增长率应该是逐渐下降。相对前十年的高速发展，目前有所放缓的9%经济增长，可能就是现阶段的潜在增长水平，也就是最合适的增长水平。经济学理论证明，在潜在增长水平上，或者换一个更学术的表述，在长期均衡水平上的经济增长是有一定的稳定性的。比如，若上一年的经济增长率为9%，而当前大的环境和条件没有太大的改变，则今年经济稳定在这一增长水平上应该是可以预期。即当前增长目标稳定在上一年的水平上下，是符合经济增长规律的。就增长问题而言，对此不必有硬着陆的恐慌。

另外，投资增长、消费增长和顺差增长对经济增长的贡献变化，显示了我国的经济增长结构从外需高依存度向内需高依存度调整，从投资向消费逐渐调整的迹象。在增长方式转型过程中，经济增速的下降应该属于正常状态。随着转型的推进，新的增长点需要一个培养过程，经济增长速度从两位数高位逐渐减速至新的潜在增长水平是符合经济规律的。

第二个经济指标是通货膨胀。近年来，我国经历了这一轮通胀的最高位阶段。

在国外金融危机的大环境和国内各种矛盾的交织影响下，通胀的形成因素非常复杂。国内有货币因素和非货币因素，比如，心理预期对生产者和消费者行为的影响；食品因素和非食品因素；劳动力的成本上升、要素价格机制的开始改革，以及投机和无序涨价行为等，这些都会对通胀上升产生不同程度的推动作用。此外，输入性通胀，资本的大规模流入增加了国内流动性压力，大宗商品价格推动原材料价格成本上涨等，也从总需求和总供给两方面对国内通胀上行产生压力。通过近几年政策全方位的调控，通胀水平已经从本轮通胀的高位 6.5% 平稳回落至 4.2%；但是通胀形成因素仍然存在，特别是劳动力成本上升，要素价格机制的调整势在必行，原材料价格的高位震荡，从成本角度对通胀仍然造成压力。前期劳动力工资上涨对消费的影响及向最终消费价格的传导，可能在来年显现。来年的通胀可能仍然会在 3.5%~4% 的水平上，也就是说，当年的价格总水平可能需要被“稳”在该年度的年末水平上下。

第三个经济指标是政策本身。9% 的增长水平是在上年度积极的财政政策和稳健的货币政策下实现的，4% 的通胀是上年度组合调控政策的结果。为了把经济增长水平稳定在上年度水平，并把 2014 的通胀水平稳定在上一年调控的结果上，政策需要保持连续性和稳定性。特别是通胀水平，如果上年度通胀水平的平稳是调控的结果，各种通胀压力仍然存在，那么政策若有大规模的改变将非常有可能使通货膨胀卷土重来。虽然通胀调控还没有被放在突出的位子上，但这并不意味着政策应该发生根本性转变。

稳政策的实施，应该是基于当前国际国内大的经济环境与上一年相比差异性并不是很大的判断。

根据理性预期的原则，判断国际国内的大环境需要对过去的信息进行比较与分析。首先，我们并不认可那些危言耸听的观点，中国经济面对的外部环境不是 2008

年、2009 年主要发达经济体陷入经济大幅衰退的恶劣形势。主要指标显示，当前，国外各主要经济体的经济增长是低增长而不是负增长，消费者信心指数正在不同程度回升，美国的就业形势略显改善。全球经济增长态势疲软但不是衰退。

其次，中国经济当前面对的外部矛盾和变数，与上一年相比并没有太大的差别。欧债危机治标不治本，危机蔓延至更大的经济体；银行体系面对巨大违约风险，引发金融市场和大宗商品市场频繁的波动；经济增长疲软，全球主要经济体增长指标不断遭遇下调，对于这些问题，当前的判断基本都与上一年一致。而欧债形势的未来变化，相对上一年则更加明了，拯救方案应该也是向着更有针对性的方向改变。包括德国在内的欧元区 15 国的经济前景被评级机构降为负面观望，欧洲最大支柱德国也被欧债危机拖累，欧债危机蔓延至今，没有比这个更糟糕的消息和比这个信息显示的更大的风险了。对欧债形势、全球经济形势和相关外需市场变化的判断，应该假设与上年度释放的已知信息基本一致，在部分信息上，对称度还可能更高一些。如果欧元区能够壮士断腕标本兼顾，欧债危机是可以缓解的。

按照经济学理性预期的理论，对未知的近期形势的合理判断应该是基于过去和当前信息的充分对称。也就是说，对未来的基本判断要基于已知信息和与已知信息高度关联的大概率事件。决策的针对性是指针对已知信息和相关的大概率事件做出当期决策。当前要做什么不能由未知的小概率事件决定。“未来”完全可能出现过去和当前没有发生的事情，但是当前的决策不应该把未来未知的不确定性作为主要因素考虑进去。因为准确预期未来会发生什么事是非常小概率的事件。对小概率事件高比重考虑的决策行为，从小处说是浪费资源，从大处看则可能导致过度反应。至于可能出现的小概率事件，即与上一年不同的不确定性因素和可能相对更大的风险，应该被放到政策的“灵活性”中去处理应对。基于以上分析，当前国内外形势并不会比上一年更复杂，保持政策的稳定就更有理由和基础。

至于不可知的“黑天鹅”事件，比如美国和北约对伊朗宣战，欧洲债务拯救彻底失败，银行大规模倒闭和欧元解体等，是绝对不应该作为当期决策的重点考虑因素的，但是可以放到应急性质的灵活性中去考虑。事实上，即使真的出现上面的小概率事件，天也不会塌下来。更重要的是，即便发生全球性灾难，天真的塌下来也没有救世主，中国人还是要靠自己拯救自己。

国内的形势应该会更加平稳。被国内外反复强化的“硬着陆的三大不平稳因素”都会有所改善。通胀形势已经从高位回落；房地产调控已经初见成效，房地产泡沫突然破灭的危机，以及地方政府融资平台风险进一步恶化的态势得到遏制，风险的透明度增大。至于深层次的矛盾和结构性的问题，应该比上一年有所改善，至少不会恶化。

政策取舍不应该被国际国内的“复杂”、“不确定性”和“风险增大”等小概率的未知事件左右，不必对外部形势过度反应。中国经济增长应该按照转型的既定方针，通过更平稳增长的新的增长理念和政策的引导来实现。

如何稳定政策来“稳定”经济目标？稳政策的关键是货币政策必须稳健。中国经济不缺钱，中国经济也不能依靠发钱来推动增长。统计年鉴显示，我国居民存款余额从2007年的14万亿元上升到2010年的30万亿元，企业存款余额从2007年的19万亿元上升到2010年的30万亿元左右。三年时间，居民存款余额和企业存款余额分别上升了16万亿元和11万亿元，上升幅度分别为115%和58%，这不能不说与危机时期的非常态宽松货币政策直接有关。如果巨大的居民储蓄脱媒，搞投资“投资”的活动，将会像出笼猛虎一样释放巨大的流动性，极端情况下还可能出现银行挤兑的危机，通胀和资产价格可能再次失控。如果引导得当，巨额居民储蓄和企业储蓄会逐渐有序转化为实体经济的投资，成为实体经济投资的巨大资金来源，同时逐渐平衡国内外一些观点一直批评的困扰中国经济的储蓄——投资缺口的经济失衡矛盾。所以中国经济增长不缺钱。如果货币政策在“经济大幅下滑”的压力下非常态地延续 2009 年、2010 年的宽松货币政策，可能会导致储蓄余额再次大幅上涨，恶化流动性的形势将把老虎变成狮子。

假设我国经济增长 9%，通胀在 3%~4% 之间，货币供应量增长保持 14%~15% 的水平，未来五年保持在 13%~14%，那么将能审慎地满足经济正常运行所需要的货币需求增长。通过货币政策的微调，希望这能成为定向宽松而不是高 GDP 增长偏好的资金来源。

围绕实体经济发展是稳基调的重要内容。近几十年来，全球爆发的重大危机都是由虚拟经济过度膨胀、实体经济基础动摇、泡沫经济引发的。危机带来的最大警示就是，我们的金融行业一定要围绕实体经济服务来发展。当前，我国经济增长率在 9% 左右，银行的赢利指标则被定在 40%~60% 的增长，这是非常不合理的。这种脱离实体经济增长的高利润指标，只能迫使银行玩货币赚货币的游戏。各地正在如火如荼地发展的金融，都是把金融业作为一个独立的产业来发展，目标是完成三分之一的当地既定生产总值。这种金融业脱离实体经济自我膨胀的发展模式是美国危机的根源，也是欧债危机的根源。围绕实体经济发展的思想是稳基调的核心之一。否则，中国经济很难避免重蹈欧美日的覆辙，将埋下改革开放以来，由内部泡沫经济破灭引发危机的伏笔。在我们的经济发展远没达到欧美日水平的阶段，“提前”进入泡沫经济其代价可能更沉重。

坚持房地产调控，是稳政策的重要组成部分。美国的金融危机是次级房贷引发的危机；亚洲经济危机是曼谷房地产市场高空置率引发的银行危机；日本房地产泡沫危机使日本经济失去十年发展机会。房地产的平稳调整是非常重要的，坚持房地产调控就是稳定房地产调控的政策。在房地产危机出现端倪的时候，稳定调控的政策是非常重要的。房地产调控短期需要稳政策，当价格调整到合理水平以后，调控的政策要制度化，比如，房地产税、房地产资本利得税，以及取消限购政策、严格房贷政策等。房地产的发展模式更要从长计议，要从失败的美国模式和日本模式中吸取教训，从成功的新加坡模式、中国香港模式和德国模式中学习经验，特别是德国模式，对保持房地产价格的稳定有很多可借鉴的地方。

不过，房地产的过度调整应该成为政策灵活性准备的重头戏。虽然调控价格下降与泡沫破灭的后果完全不同，我们也不能夸大房地产调控对经济的影响。各方利益的博弈，容易引起价格的大幅下降，以及房地产投资和相关产业投资的大幅下降，我们要防止这些问题的叠加效应对稳增长产生不利影响。我们认为不应该采取放松房地产调控政策的方式来防止由房地产调控对稳增长产生的负面影响，而应该培养一些新的增长点，比如对保障性住房的投资、服务业的投资、文化旅游业的投资、高端制造业的投资，特别是要引导民间资金在这些领域的投资等。要做好足够准备对冲房地产调整的负面影响，避免拖累经济增长过度下滑。

积极的财政政策如何积极，是稳增长稳通胀保证实体经济稳定发展的另一关键。中央银行印的钞票是没有实际财富支持的，印多了钞票不但不能稳定通胀，还会进一步恶化通胀。比如一项经济活动创造了 1 元钱的价值，但是发了 3 元钱，那么未来经济如何平衡，只能是将 1 元钱价值的东西卖 3 元钱，通货就膨胀了。我国的财政收入大部分来自税收，而税收是以过去经济发展创造的财富作为背景的。换句话说，当前的形势下，大部分财政支出是由实际价值支持的，不是空头支票，是过去价值的使用，不会引发由高于实际价值带来的通货膨胀。如果财政通过大规模赤字过度参与经济投资活动，这样的积极财政政策也会推高通胀。但是财政发挥公共财政的作用，特别是引导经济转型战略的实施，对于实现稳增长稳通胀的目标有特别重要的意义。

我国财政收入连续十年大幅增长，积累了引导经济转型的实力。财政预算可以通过减税免税帮助需要整合和提升竞争力的中小企业发展；投入资金支持配套新兴产业相关技术瓶颈研发的企业推动新兴产业的科学发展；增加财政支出中社保和医疗卫生支出的比重，逐渐解除消费增长的后顾之忧；作为引导资金引导民间资本参与保障性住房的建设，建立房地产市场发展新模式；支持农业集约化转变，防止城镇化带来的农村空壳化和农业发展困扰等。这些方面都可能成为经济的新增长点，做好了这些事情，短期内对于防止各方担心的房地产调整负面影响以及促进经济稳定增长至关重要；长期来说，可以为中国经济转型奠定坚实的基础。

中央财政要围绕转型和新的经济增长点的培育来做预算，地方财政要以上面各项投入来做支出安排，而不是围绕盲目上马的项目和粗放的生产总值增长来做预算。近年来，财政的盈余和财政收入的增长使其完全有实力承担转型主角重任。财政不缺钱但是也不能乱花钱，地方政府如果能够以本地经济的平稳增长为目标，地方财政不应该有巨大缺口。

至于外部经济低迷应该依靠转型的既定战略来应对。2008 年下半年以来，外需市场的低迷一直是中国经济增长放缓“预测”的原因，也成为推动宽松货币政策和其他支持政策的主要根据。欧债危机的蔓延会导致全球经济二次探底，中国最大的出口市场可能进一步萎缩，这也成为中国经济增长放缓预测的根据之一。

外部经济低迷，外需市场萎缩，确实对中国出口增长不利。这几年新出口订单指数的下降，印证了这种压力。但是，首先我们已经分析，欧债形势对经济和出口市场的影响与上一年并无根本性的不同，有迹象显示，美国今年的经济形势可能略好于上年度。欧美出口市场不会出现 2008 年和 2009 年那样的大幅萎缩情况。其次，当前中国出口结构仍然是以一般消费品和低端制成品为主，在危机时期生存的刚性基本需要与可支配收入下降共存的形势下，外需市场对中国出口商品的需求大幅下降的可能性不大。这也是危机以来一些中国商品市场份额还有所上升的原因。

事实上，我国的出口增长从2009年第二季度开始便转负增长为正增长，2010年，货物出口保持平均31.3%的增长，2012年前三季度出口保持了平均24.7%的增长。危机时期，满足生存基本需求的低端制成品出口未必会大幅减少。如果能够整合一些因缺少竞争力而关闭的企业留下的市场份额，通过规模效应提升竞争力，继续保持一般制成品领域出口的增长应该是应对短期外部经济低迷的措施之一。另外，多元化贸易伙伴，增加对新兴市场国家、东南亚国家和非洲国家的出口，也是应对美欧市场需求下滑的有效方法。

更重要的是，美欧外需市场的收缩可能不是暂时的现象。发达国家过度消费的增长模式，是引发全球经济不平衡和经济危机的重要原因之一。不说走出危机尚需时日，消费增长大规模恢复还没有预期，即使是到后危机时代，随着美国和欧元区过度福利化的制度和经济增长方式不得不改变，其依靠借钱借债过度消费的模式将可能一去不复返。中国经济切不可把增长的筹码，过多寄望于外需市场恢复到危机之前的过度消费水平。以内需增长来应对危机时期和后危机时代外需市场的变化，可能是促进经济增长的最佳举措。过分地反复强调外需市场的变化，过度依赖短期政策维持低附加值的出口增长，而不从根本上务实地推动内需增长以及完善相关的制度性配套，可能会误失转型的机会，失去对经济持续增长动力的培养和准备。

短期内，可以通过稳定的出口政策支持出口加工贸易行业应对外需的不稳定。但长期来说，逐渐降低对外依存度、推动内需市场的发展将可能成为根本国策。

稳基调的决策有其科学性和合理性，但是否能够通过稳政策实现稳增长稳通胀的目标，首先，要看决策层是否能够坚定不移地实施既定转型战略，以不变应万变，而不会被似是而非的表象干扰。其次，要看经济活动的参与者是否能够达成共识，逐渐接受一个平稳的增长速度，逐渐放弃依靠印钞票来扩张的偏好，避免用高风险的方式延误处理存在的风险和累积更大的风险。科学的决策，还需要科学地执行。

股市：没有风险约束的“创新”是危机推手

交易方式“创新”加剧了证券市场的投机性，必然破坏资本市场的投资性。这样的“创新”是证券市场的倒退而非进步。证券市场的“创新”与科技创新不是一回事，以高科技交易系统的“创新”和复杂衍生工具创造为指标来判断证券市场的发展程度，是严重的误导，结果将非常危险。

光大证券“8 · 16”乌龙事件导致沪深指数异常上涨，当事人说法是交易系统出了问题，言外之意是技术问题。媒体报道则多认为是内部风险控制体系出了问题。真相到底是什么，还有待全面的调查。不管什么结果，一个不争的事实是，交易系统确实在没有“公告”的情形下被不断“创新”了，程序交易、量化交易、套利交易、高频交易等，都在被使用。相信伴随这样的交易“创新”，被巴菲特形容为大规模金融杀伤武器的结构性衍生产品的“幽灵”也已在国内资本市场上“游弋”。这次沪深股市异动给投资者带来的损失，以及市场失序造成的危机恐惧，无疑在警示我们该进一步思考诸多的“交易创新”和“衍生品创新”究竟是祸还是福，证券市场如此“创新”是否是资本市场发展的“动力”等问题。而恰恰这些问题我们从来就没有深入讨论过，或因为“存在即合理”的认定而未对之进行充分讨论。很清楚，若不将这些问题讨论明白，证券市场发展难免误入歧途。打开了潘多拉的盒子，魔鬼是不会回到盒子里去的！

可能多数人都不明白证券市场这些被“创新”的交易方式是何物。实际上，不论是“量化”、“高频”还是直观的“套利”，都是通过不同且复杂的计算机程序设计的，旨在抓住“瞬间”套利机会。很显然，这绝非投资行为。所以，交易方式“创新”加剧了证券市场的投机性，必然破坏资本市场的投资性。这样的“创新”是证券市场的倒退而非进步，是阻碍证券市场投资功能和投资行为等进步和发展的负能量。证券市场的“发展”，绝不能以更多更大更高水平的投机行为为认定指标。

大规模交易“创新”破坏了市场秩序。交易系统创新绝不可能只此一家，各机构的自营部门、私募基金以及其他影子银行等相关部门，都会开发类似的交易系统，参与捕捉机会的投机。在这次光大事件中，当该问题交易系统率先操作引发价格异动，其他交易系统将其视为被捕捉的价格信号，顺势操作形成跟风效应，结果在“雁群”效应下，沪深指数瞬间飙升超过3%。这种交易价格的上涨，释放的是扭曲真实价格信息的负外部效应，没有任何上市公司价值增长的内涵，除了给拉高价格的参与者制造套利机会，套牢多数不明真相的跟风者，进一步弱化市场的有效性外，对沪深股市上以散户为主的投资人毫无公平公正可言。

近年来，国际油价屡被调查，结果屡被证明是投机推动价格，与在某种信号引导下以“集体”行动推动价格的行为有关。如果机构都采取这等投机交易系统，机构更理性的投资概念将荡然无存。特别重要的是，交易系统所谓“创新”操纵价格的瞬时套利都是二级市场的游戏，所谓系统的价格发现机制，发现的是“交易”价格，而非上市公司的价值。它引导资金更多流向短期投机套利机会，对实体经济以及资源优化配置没有任何直接作用，反而会扭曲二级市场价值配置信号。若交易系统是衍生品市场交易的“创新”，则发现的是衍生品的交易价格，而这连二级市场的交易价格都不是，是衍生出来的“三级”、“四级”市场的衍生品价格。由衍生品价格“创造”的公允价值则离企业更远，特别是结构性产品原则上可无限结构化，结构层次越多，离实体经济就越远。二级市场的纯粹交易方式创新，即衍生品市场的交易系统的所谓交易价格发现功能，与实体经济资源配置功能完全没有关系，对实体经济不起支持作用，衍生品市场规模过大，层次过多，实际是风险累积产生的过程。

重温一下雷曼兄弟破产清算前后资产负债表的巨大差异，有助于我们重新认识公允价值和交易价格发现机制。雷曼破产清算前负债 6100 亿美元，资产 6300 亿美元，破产清算时债务仍是 6100 亿美元，资产缩减至 260 亿美元。原因就是雷曼的所谓资产主要是衍生工具交易产生的公允价值，破产清算时，因为没有交易对手，也就没有交易价格，所以公允价值为零，由公允价值充填的资产也就跟着烟消云散了。由交易价格“算出”的公允价值没有真实的财富效应。

热衷于这类证券市场“创新”的人，总是试图将此与科技创新等同起来，引导人们把证券市场的“创新”理解为证券市场的发展“动力”，像科技创新是经济增长的动力一样。实际上，证券市场交易“创新”是在捕捉投机机会，衍生产品“创新”是虚拟金融活动。所谓“公允价值”，并没有实际财富效应，不论是交易创新还是产品创新，风险都在同步增长。以这样“创新”为动力，追求与风险同步最大化的虚拟经济利益最大化，理论上已违反了金融学最基本的核心。资本市场直线理论认为，必须先“给定”风险，再最大化利益，或者给定收益最小化风险。如果证券市场以这样的“创新”为动力，所有的参与主体都会使出浑身解数“创新”，借此谋求利益最大化。而美国金融危机已经以残酷的事实充分证明，当各自利益最大化之时，也就是系统风险最大化之日。如果不能以“系统风险”规模为“创新”约束条件，证券市场的“创新”一定是制造危机的动力。美国金融危机爆发之前，所有机构都在“计算”各类“创新”工具上的配置，风险是天天可控的，但危机不仍然如期而至么？所谓各自可控的“非系统风险”，只不过是使各创新主体能更肆无忌惮地“创新”而已。

而科技创新就有完全不同的结果。如果是突破性的创新，将改变历史，带来全人类的进步。蒸汽机带来第一次创业革命，电气化和生产线带来第二次创业革命，IT和互联网的发展带来的信息消费革命可能启动第三次创业革命。企业层面的技术工艺“创新”也会提高劳动生产率，促成资本劳动力配置的优化。科技创新是经济长期持续增长的动力。

证券市场“创新”与科技创新则不是一回事，更不能与科技创新推动经济发展同日而语。以高科技交易系统的“创新”和复杂衍生工具创新为指标来判断证券市场的发展程度，是严重的误导，结果将非常危险。

楼市：又到了火山口

关于房地产市场回暖的公开信息很多，甚至有回暖已成定局的论调。房地产回暖的信息可能放出很多错误信号。“稳增长”如果导致楼价反弹，重复 2009 年保增长带来的房地产价格空前膨胀，投机需求卷土重来，可能会造成经济和社会更大的不稳定。

房地产市场回暖有两个特征。第一个特征，主要是“刚需”购房释放。“刚需”的定义，是指没有价格弹性或者价格弹性很小的房屋需求。严格意义上来说，“刚需”是指第一套房的购买需求。只有这类需求才可能不论价格涨跌都不会改变。在大中城市，新居民的居住需求才是真正的“刚需”。但不论是新毕业留城的大学毕业生，还是城镇化过程中进城的农民工，在数十倍于收入的价格面前，购房“刚需”是无法释放的。所以，报道的所谓“刚需”，恐怕还是投资或者投机性的需求。在对第二套以上购房限购的政策没有改变的情况下，非第一套房的购买大幅增长，可能是对调控政策的挑战。

第二个特征是楼价悄悄上涨。有报道显示，二手房市场一些业主报价后，因为注意到有意愿购房者增加，会马上提高报价，几天之内就上涨数万元。

形成市场化的商品均衡价格，需要供给、需求和效用最大化三大条件的约束，以投资投机为主的房地产市场属于资产类市场。投资投机需求没有效用最大化的约束，投资是以价格差异为“赚钱”的目标，赚钱“效用”无限大，市场价格不可能通过实际供求决定。“赚钱需求”希望价格不断上涨，价格需求弹性极高，有推动价格不断上涨的强烈动机，从而破坏了价格理论中效用达到最大满足度后需求下降的假设。赚钱需求属于效用无限大，不可能出现与这种无限需求达到均衡的“供给”水平。理论和实践都说明，以投资为主的房地产市场不可能靠增加供给来调整价格形成稳定的均衡价格水平。特别是在银行信贷的支持下，银行不断向“赚钱需求”提供的信贷，杠杆化放大了投机资金供给，给价格上涨提供了源源不断的动力。如果不断增加“赚钱需求”的房屋“供给”，只可能把价格越推越高。

如果房地产价格反弹，不仅上一轮房地产泡沫带来的还未解决的乱象会继续恶化，还可能造成实体经济的产业空心化，进一步增大金融风险，加大收入分配差距。

2012 年发生了不少温州老板由于资金链断裂而跑路的恶性事件，调查显示，其中大多数都是因为投资了房地产或相关资产市场。如果房地产价格反弹，各方资金包括银行资金，特别是逐利性强的民间资金会立即蜂拥而至。须知，实业投资的资本平均利润一般在 10% 左右，房地产价格反弹很容易引导投入实体经济运行的资金变身房地产投资，甚至动用本该支持主业运行的银行贷款投向房地产以求高回报。如果是为了稳增长而放松房地产调控政策，靠房地产拉动经济增长，结果势必会加剧经济的结构性矛盾，加大产业空心化的风险。

不管价高价低或者主要是投机性需求，假如购房者是用 100% 的自有资金，真金白银购房，而没有银行资金的杠杆化，那房地产回暖应该没有风险。但如果投机购房是套取银行资金，则房地产回暖就非常可能孕育新的房地产泡沫，最后带来银行的风险甚至危机。有报道显示，目前银行的坏账率普遍上升，坏账来源都与上一轮房地产信贷以及与房地产相关的地方融资平台有关。

“以资产价格泡沫为特征”的经济危机，是 20 世纪 90 年代以来世界上发生的几乎所有经济危机的特征。比如，日本的危机、亚洲金融危机、美国次贷危机、西班牙银行危机等，实际上都是银行的房地产信贷危机，而非国家债务危机。回望近几十年来爆发的经济危机，多半都是将房地产作为投资品，推动资产价格过度膨胀致使泡沫破灭而引发的。

正因为如此，楼价反弹，房地产投资再次赢得暴利，那些用不合法手段套取银行资金的群体，将获取大大超过市场资本平均收益的回报率。这将大幅度拉开与一般收入群体的收入差距，也拉大与一般实体经济投资者的收入差距。对于真正的房屋“刚需”群体，这无疑雪上加霜，也将大大冲击并抵消由城镇化带来的农民转化为城镇居民而形成的消费增长。

由此可知，“房地产回暖显示房地产价格触底反弹”、“稳增长房产调控政策应放松”等观点，实际上是仍停留在房地产是投机和投资为主的市场定位上。这个定位给人以极大的困惑。因为这隐含了房地产调控只是促使楼价阶段性下降的意思，而这完全背离了引导房地产市场回归居住为主的基本属性、促使楼市回到正常发展水平的宗旨。

笔者为此认定，当下应努力使引导房地产市场回归居住为主的调控终极目标长期化、制度化，可行的办法是实施房产税，短期政策是限购不如限贷。只要银行不向第二套以上的购房者提供信贷，非“刚需”购房势头再旺也不会有太大风险。至于稳增长，应在稳定有效投资增长上做足文章。

房地产市场调控要注重制度的完善

房地产调控出现量跌价涨的现象是合理的。美国这一轮房价下跌，是在美联储从2005年初开始的连续17次提升利率以后，在2006年第一季度，房地产价格才开始调整。2007年国内房地产调控，也经历调控初期价格继续上涨，量跌价涨，量跌价平，最后价格下跌的过程。而且中国每次房地产市场的调控，都存在房地产商与政策博弈的过程，过程的长短与房地产商的资金状况有关。由于非常态增长的信贷大规模流入房地产市场，房地产商的资金估计一般可以支撑半年左右。因仍有相当规模的银行信贷用各种方式进入房地产市场，部分房地产商的资金可能有更长时间的博弈。不过，我们认为，这次针对房地产市场的调控，不应该仅仅针对房价的涨跌，更重要的是要调整房地产市场的结构，理顺房地产市场的秩序，完善房地产市场的一些必要的制度和规则，推动房地产市场按照自身的规律发展。

我们认为，跳出围绕投资性房地产市场的价格调控，让房地产回归居住性为主的基本属性，是避免房地产泡沫危机，也是房地产正常发展的思路。我们认为，由政府推动的各层次保障性住房的建设是引导这种改变的最有效战略。致力于居者有其屋的房地产市场建设，“刚性需求”得到缓解，等于釜底抽薪了房地产炒作推动房地产价格不断上涨的基础。同时保障性住房建设可以带动钢铁、水泥等建筑产业延续增长态势，拉动了相关产业链，可以稳定经济增长，避免“房地产市场调整带来经济重新大幅下滑”的担心。

居住支出是居民收入中一个重要支出部分。提供合理价格的保障性住房，可以释放被高房价绑架的支出，等于增加了一般居民的可支配收入。我国居民 2012 年的房屋月供比上升到 70%~80%，大城市超过 100%。如果一般收入群体的 80% 收入要支付房屋消费，而且收入增长远远跟不上房价的上涨，那么人们一定会减少当期的其他消费，拼命加大居住支出来锁定当期的房屋价格。而且居住消费支出都是以数十年计算的，也就意味着消费支付能力要被锁定数十年。高房价无疑吞吃了大部分居民收入，打压了消费增长的空间。所以政府加大保障性住房的建设投入，至少能建立一个相对稳定的预期，减少一般居住性需求的支出，极大地提升了一般居民的可支配收入，实际上释放出巨大的被居住需求套住的当期消费支出能力，对推动消费增长有非常积极的意义。我们一定要意识到，减少一般居民的支出，就是增加居民的收入。

居住在收入所能及的住所中，人们能够更正常合理地安排支出，保持消费的增长，保证生活的质量，也将更有幸福感。

保障性住房的建设资金规模很大，仅靠政府的财政预算是力不从心的，靠地方政府卖地财政，则保障性住房的“保障”性质可能荡然无存。我们认为，政府财政与社会资本结合建设保障性住房是非常重要的。实际上，美国出现过两次较大的房地产危机，一次是发生在 20 世纪 80 年代，另一次是 2007 年的次贷危机。第一次危机，政府希望通过建立“两房”这样的政府机构，以政府为主解决低收入群体的住房问题，最后以失败告终。次级抵押贷款问题则是希望通过市场化的方式解决低收入群体的住房问题，不但失败还引发全球危机。所以，政府政策与民间资本的结合可能才是解决之道。

第一，中央政府可以采用转移支付的方式，加大保障性住房建设的投入。把保障性住房建设纳入支持收入分配机制改革的范畴；第二，地方政府可以通过土地入股，用保障性住房补偿被征用土地的方式参与保障性住房的建设；第三，鼓励银行开发推出适合保障性住房购买群体的信贷产品；第四，把保障性住房的价格定在可获得资本的社会平均利润水平，鼓励开发商参与保障性住房建设。

政府制定和完善相关的法律法规以及相应制度，比如，保障性住房的二手房市场，应该是业主与政府之间的交易，业主售房时要补齐政府持股部分的价格。放弃保障性住房后，应该按照第一套房购房者对待。保障性住房资格认定以及农民工在农村的宅基地没有流转以前，只能享受廉租房。诸如此类的管理规则，对保障性住房建设和发展是最重要的保证。新加坡政府的住房政策和措施对我们应该有借鉴意义。

至于以投资为主的房地产市场不要调控价格，但一定要控制银行信贷。比如，从严界定第二套房，加大第二套房的首付比例。购买第三套以上的房产，要以自有资金投资为主。对于持有两套以上房产的人收取“房产保有税”。这样，投资性房地产市场的价格再高，也不会影响银行的安全，更不会影响经济的安全和社会的稳定。

有观点认为，政府加大房地产调控，特别是出台相关物业税、房地产交易税、房产保有税等措施，会使有钱人没有安全感，促使他们移民海外带走相当规模的资产。这是非常具有误导性的。在房地产各个环节收受相关税赋是国际上各国通行的法规。中国过去没有房地产方面的法律法规管理体系，从制度完善的角度，各类税收政策规定迟早要出台，这并不是剥夺个人财产。把税收体制的完善与私人财产的安全性相提并论，正说明我们缺乏真正的法治观念。

政府应该利用房地产调控的机会，逐步、分类完善房地产市场的相关法律法规，包括税收体系。以满足老百姓居住需求为主，投资以自有资金为主，银行的房贷是信用产品，一定要严格贷款人的信用检查等之类的规定都应该成为长期的规则，而不是短期的政策；以避免简单的短期价格调控、反弹、再调控的不断重复，使房地产市场回归正常秩序。要把房地产市场建设成经济和社会发展的“稳定器”，而不是经济危机的策源地。

国家资本主义能避免金融危机？

问题的提出

有一个看起来很严肃又很枯燥的话题需要被深入地分析和讨论，即“国家资本主义并不是必然能够避免金融危机”。这个问题是在对这次金融危机进行反思的时候提出来的。早在2008年8月笔者就在反思华尔街模式，那时候甚至雷曼兄弟还没有破产，但是笔者认为一系列问题已经反映出来，比较严重了。

从全球来看，至少到目前为止对危机的反思还非常不够。2012年年初，在达沃斯论坛上，重量级的人物终于开始反思，并把问题提了出来。2008年，美国爆发百年不遇的金融危机，引发全球经济衰退；2010年，欧元区爆发全面债务危机引发全球经济的再次震荡，作为灾难源头，各国经济至今还回天乏力。与此同时，新兴市场国家虽然屡遭危机的冲击，却不但率先走出了危机的阴影，还保持了稳定的经济增长态势。世界最发达资本主义国家面临的危机和新兴市场国家的稳定，引发了关于“自由资本主义失败”（失败论）和“国家资本主义崛起”（崛起论）的争论。资本主义真的挖掘了埋葬自己的坟墓？资本主义向何处去？国家资本主义是世界的未来？对这些问题正确答案的探讨，事关未来国际经济的新格局、新秩序以及经济全球化的发展方向。

《经济学人》杂志2012年1月21日以《国家资本主义崛起》为封面文章出版

了当年第一期内容，加入了围绕“两论”的关于危机反思的讨论。

对于笔者，则想从三个方面展开探讨，第一个方面是，这次危机不是资本主义里的“主义”出了问题，而是“资本”出了问题。危机是“资本”的概念被严重异化的结果。第二个方面是，因为资本的异化，导致“市场”的概念本身也被异化。我们应该还原市场的本来面目，才能找到市场经济正确的发展方向，才能避免各种各样的异化带来的危机。第三个方面即是这篇文章讨论的主题：“国家资本主义并不是必然能够避免金融危机”。资本主义在这次危机中间，显示了它脆弱的一些方面，那么国家资本主义是不是就有所不同？换句话说，国家资本主义是不是一个避免危机的成功模式呢？我们的分析认为这也不是必然的。

资本的异化

我们先谈第一个方面，即危机不是“主义”的问题而是“资本”的异化。资本主义的“主义”究竟是什么，笔者不想在这里做全面的定义，而只是想描述一下，资本主义是一种经济形态和社会形态。资本“主义”的内容包含私有制、社会化生产、市场配置资源、鼓励竞争、追求效益最大化等。资本主义的经济学理论追求的不仅是效率还有公平。世界资源是稀缺的，经济学研究如何把稀缺的资源更优化配置，而不是平均配置或者被不公平占有，也就是说要把稀缺的资源更好地配置在一些更有效率的地方，最后达到“帕累托最优”状态。一些人比过去过得更好，另一些人至少不比过去更差，达到一个效率与公平的平衡。做一个不完全准确的比较，共产主义最后的目标是实现各尽所能，按需分配，即世界大同，其实也就是兼顾效率和公平。所以资本主义的“主义”应该是没有问题的，我们首先需要明确这一点。

古典经济学和新古典经济学中的“资本”一直是被作为实体经济生产要素的投入之一来展开分析，是“要素资本”。如果物化一点，“资本”体现在机械设备、原材料、建造厂房、技术革新研发的投入等有型可见的实物实体上，被形象定义为直接投入资本或要素投入。这是古典和新古典经济学理论关于资本的概念，而与直接投资相关联的经济就是实体经济。柯布-道格拉斯函数很好地描述了要素投入与实体经济的运作过程。当资本作为要素投入的时候，L和K分别是劳动力的投入和资本的投入，α 和 β 分别是它们的系数，A是技术进步变量的参数。短期的经济增长依靠劳动力和资本组合的投入，Q是产出水平。这一时期，经济活动表现为一定资本和劳动力的组合投入产生相应产出和经济增长。如果要素投入的多，产出少，呈现规模递减效应，就需要推动技术进步，依靠生产力提高来推动经济的长期有效增长。

传统资本主义制度下的危机是如何发生的？简单说就是要素投入过多，生产过剩，库存增加，经济饱和。在调整过程中，如果经济增长出现下滑，失业率就会增加，经济进入衰退，危机就会发生。当完成新的产业转型升级之后，经济就会恢复增长。所以它整个的过程，就是要素投入—产能过剩—经济危机产业调整——增长恢复，这样周期性的变化，也就形成了经济周期理论。

但是，近代金融危机和经济危机跟传统意义上的危机很不一样。20 世纪 90 年代的亚洲金融危机，80 年代末 90 年代初的日本经济危机，近期美国引发的经济危机，欧洲债务引发的危机等，这些危机也都跟“资本”有关，特别是美国的危机，就是“资本”最集中的华尔街出了问题。但是，这里的“资本”不是我们刚才定义的“要素资本”，这里的“资本”是“金融资本”。这两类资本的属性是完全不一样的。要素资本是直接投资资本，它要购置设备、建厂房、买原料，然后在生产过程中创造物质财富推动实体经济增长。而金融资本并不直接投资实体经济，它主要从事高风险、高收益的金融博弈活动，所以两类资本的属性是完全不同的。近代发生的危机都与“资本”有关，但是主要是与金融资本有关。

资本在演变过程中为什么会发生这样的异化？这应该追溯到 20 世纪 70 年代布

雷顿森林体系崩溃，利率和汇率开始大幅度波动，国际贸易出现了很大的风险，金融机构开始以避险为理由创造衍生工具的历史。衍生工具最初起到了规避风险的作用，但是当衍生工具的交易收益逐渐超过传统信贷业务的利息收入，资本的投机性就开始产生并且越来越强。20世纪90年代中期，传统意义上的银行（不仅仅是投资银行或者非银行金融机构）有了要突破分业经营的限制、参与这样的交易和获取交易收益的极大冲动。以花旗银行为首，通过并购保险公司和投资银行，它们转变成传统的银行业务和投资银行业务混业经营的金融机构。银行用实质上混业经营的金融活动，"逼迫"取消30年代大危机后为避免再危机而通过的限制混业经营的《格拉斯–斯蒂格尔法案》，整个金融体系的经营模式由此发生转变，金融活动开始发展成为脱离实体的金融活动。银行资本的属性开始了其金融属性的转变。

金融资本活动的特点，是把原来的以利息收入为主转变为以交易收入为主。金融机构本来是一个中介结构，但是当资本发生异化之后，中介机构就变成了衍生品的生产者和销售者，开始通过大规模"生产"和发展纯粹交易性的工具来获得交易的收入。其角色和职能也随之改变。另外，其赢利的方式也改变了，从依靠存款放贷赢利变成依靠投资者的资金和杠杆化交易资金来放大资金、收益和风险，杠杆资金超过资本金很多倍。危机中第一只倒闭的对冲基金是凯雷基金底下的基金，倒闭时杠杆差不多是资本的200倍。危机中交易价格稍有下降，资金链断裂，企业就只有倒闭了。金融资产的资产是由公允价值决定的，金融资本的金融活动的主体是影子银行。所谓的影子银行，就是不受银行监管约束的非银行金融机构，包括传统银行机构的投资银行业务部分。影子银行通过交易工具的生产和交易，具有和银行一样的信用转换、流动性转换、期限转换等所有功能，所以它可以创造货币。其公允价值决定资产规模的游戏规则，把影子银行自我膨胀的金融活动推到了疯狂的程度。公允价值是由交易工具的交易价格所确定的，把交易价格和交易数量乘起来，就是交易工具产生的金融资产的公允价值规模，金融从业人员的收益与公允价值挂钩。这样的游戏规则使得金融市场的参与主体有非常大的冲动去推高交易价格，不断拉高公允价值，膨胀金融资产的规模。金融资产的资产概念就整体被泡沫化了。典型的例子就是前文提到过的雷曼公司破产以后资产负债表的严重失衡。公允价值是由交易价格决定的，如果没有交易，就没有价格，没有价格就没有资产。雷曼是债券市场最大的产品生产商和交易商。宣布破产以后没有人愿意与雷曼继续交易，交易工具没有了价格就一钱不值。当雷曼遭遇流动性困难的时候，它本来希望出售自己400亿的资产来缓解流动性，结果卖不出去，大家都认为这是毒垃圾，没有人敢买，雷曼想自救而没有成功，只能宣告破产，破产以后公允价值灰飞烟灭，暴露出所有银行共同的问题，即其公允价值显现的资产价值可能都与雷曼公司一样严重资不抵债。雷曼公司的倒闭引发五大投行全军覆没，最终引发全球金融海啸，华尔街几乎瘫痪，经济严重衰退。由此，我们可以看出其资产泡沫化程度是多么的严重，“资本”的金融化是危机发生的重要原因之一。

《经济学人》杂志在2004年危机之前就警告，金融市场过度膨胀和金融资产过度膨胀是不行的，是要付出代价的。《经济学人》杂志指出，过去20年，全球的平均经济增长是3.5%，贸易增长是7%，但是资本的流动性增长了14%。资本流动、金融活动、虚拟经济的膨胀已经是三四倍于全球经济的增长了。共同基金在近四年里翻了几倍，对冲基金在20世纪90年代末只有一千多家，到2004年达到了接近万家，管理的资产超过了万亿，这在过去是没有的。

国际清算银行在危机之前的2007年12月31日发布数据，全球的年外汇交易额为596万亿，是全球生产总值的10倍，这种情况在危机以后也没有改变。国际投资银行2010年发布的信息是外汇日交易量达到了4万亿，是全球全年生产总值的12倍。这是一个什么概念？如果我们按一年200个交易日计算，则全年的外汇交易量是 800 万亿，比 2007 年还要高。假设全球是 70 万亿的生产总值总量，则 800 万亿就是它的差不多 12 倍。2010 年的全球贸易规模大概是 30 万亿，800 万亿的外汇交易量就是贸易规模的 26 倍。实际上，危机以后，金融虚拟的泡沫化活动并没有被扼制，反而更加严重，比 2004 年《经济学人》披露的情况还要严重。

除了金融机构的自我膨胀，资本主义制度下的选票政治也挟持了政策，加剧了资本的异化。雷曼公司倒闭引发全球金融海啸，金融机构自我膨胀，其“太大不能倒”的思维变成挟持政府参与救助的武器。事实上，正确的解决方式应该是，公司太大了有风险，要把它拆开变小，这才是有针对性的解决方式。但是美国政府没有这样做，而是采取印钞票注资维持金融机构规模的所谓“稳定”措施。按照当时的实际市场情况，所有的投资银行都破产了，不光投资银行，包括花旗银行、美国银行，都是雷曼兄弟那样的资产负债表，如果并表计算通通破产。所以要维持金融机构规模和资产负债表的平衡就必须维持危机之前的全部公允价值。按照美国金融方面的法规，美联储是不能救助投资银行的，所以美国政府立即把影子银行全部变成了银行控股，救助就合法化了。美联储第一次采取的量化宽松政策，用差不多价值一万多亿的各种新的货币工具注资大型的金融机构，解决了流动性的问题，将烂资产都转移到美联储的账户上。第二次货币宽松政策则是购买国债。美联储购买的规模使我们相信其是按照危机之前的所谓市场价格操作，所以，超大金融机构的由“公允价值”决定的虚拟金融资产规模被美联储注资填满了。

2009 年，美国政府进行了一次银行测试，这个测试实际上只是一种形式，大家都睁一只眼闭一只眼接受它的结果，因为大家需要恢复信心，特别是为了相关的利益。这个银行测试实际上是非常不合理的，通常，压力测试是有前提假设的，假设给定这个条件能承受什么样的压力，带来什么样的结果；如果假设的是另一个条件，则结果肯定不一样。美国的那次银行测试，是假设所有金融银行的资产负债表都是危机前的公允价值（其实那时没有交易，公允价值应该都为零），并依此进行计算。最后测试的结果，除了花旗银行和美国银行，只有J·P·摩根几家机构关于房地产信贷的那一部分，一共大概是390亿美元的信贷资产没有通过检验。为什么呢？因为只有房地产信贷不可能按照公允价值进行假设，房地产价格下跌产生的信贷违约是没法“被假设”掉的，是多少就是多少，所以房地产坏账成了不能通过测试的一个很重要的原因，而其他的都通过了。实际上，美国政府的危机救助是根据华尔街的利益转动的，明显受到金融政治的牵制。

最近，伯南克先生在马里兰大学讲到了关于危机解救的问题，他想在理论和实践上证明他的危机解救理论和方式是正确的，而笔者觉得事实并不完全像他自己解释的那样。从美国发生的后来蔓延到欧洲的占领华尔街的行动说明美国国内并不完全认同通过印钞票拯救大银行的做法。国际社会更不会认同这种做法。美国的政策只关注自己的问题，但美元是储备货币，是国际货币，造成的结果是新兴市场国家没有生病也要吃它的药，结果肯定是吃错了药，如果这个国家基础不好可能就完蛋了，像冰岛那样整个国家就破产了，许多国家都受到了很大的影响。周小川行长在2012年的博鳌论坛上说，美国发行过量的货币带来了美元贬值，如果不强调这个问题，总是让发展中国家、新兴市场国家货币升值，这是没有道理的。笔者觉得他说得非常有道理。美国“太大不能倒”的金融机构绑架了美国政府政策，美国政策则绑架了全球经济。

整体来说，现在的欧债救助，也是与选票政治绑架在一起的，也在助推这种资本异化的自我膨胀。欧洲金融稳定机制首选借新债还旧债的方式还是因为银行太大不能倒的惯性思维，还是维系并强化欧洲银行自我膨胀出来的规模。华尔街的石油政治可能也绑架了奥巴马的连任竞选政策。资本异化的过程跟选票政治是分不开的。

全球，特别是发达经济体资本过度异化的现象非常严重。金融中介职能异化为自我膨胀的模式，直接投资资本异化为金融投机的资本，以实体经济和物质财富创造为主的发展方式异化成虚拟经济的膨胀，截至目前，美国金融产业已经占到超过其经济规模的 30%。我们现在有一些地方政府也想把金融作为独立的产业来发展，规模要占到当地生产总值的 30%。这样做其实挺危险。特别是在我们反思这次危机的原因，反思资本的金融化、货币化、虚拟化、空心化，最后导致经济的空心化，即其与危机爆发的相关性和必然性之后，更应该警惕和预防中国经济金融的发展重蹈资本异化的覆辙。

对于第一个方面我们的结论是，危机不是自由资本主义的失败，而是被“异化”的资本主义的失败。如果按着资本异化的思路来探讨，我们认为资本主义未来的命运应该是回归资本以实体经济服务为主的基本属性，让金融在经济发展过程中起到一个中介和资本优化的作用，而不是自我膨胀、自我发展为脱离实体经济的虚拟泡沫。如果能够适当限制投机资本的活动，给选票政治以必要的约束，同时找到实体经济与虚拟经济之间的平衡点，那么我们认为所谓追求公平和效率目标的自由资本主义应该是可以继续发展的。

被异化的市场

第二个方面是，因为资本在很多领域异化了，造成资本市场也被异化。市场是什么？市场是一个自由交换的平台，交换必须有一个合理的价格，则交换平台必须具备一个合理价格的形成机制。合理价格是由供需来决定的，即所谓的“看不见的手”通过供求关系找到一个均衡的价格。还有一个很重要的概念，这个概念往往被忽略，即满足市场供求非常重要，但是效用最大的满足度也非常重要，只有效用最大满足度的约束才能帮助最终找到均衡价格，光是简单地满足供求还不够充分。比如说顾客吃饭，通常吃一碗饭就饱了，如果商家再卖给第二碗饭，顾客就不会再用原来的价格购买，因为顾客有最大的效用满足度，第二碗饭对顾客的效用度已经下降了，就必须降价，降价了那些边际还有需求的人才愿意多吃一点。第三次再提供米饭的边际效用就更低了，就要继续降价，继续这个网状过程，最后就会产生网中的均衡价格。供给、需求加上效用最大化约束，这就是市场定价三要素。市场定价跟供求及效用最大化的约束都有关系。资本“异化”以后，我们刚才说的由供求关系和效用最大化的约束形成的市场定价机制就被破坏了，现在的市场可能就不是原来意义上的市场了，而是由资本异化以后的概念影响的市场，或者说是被“异化”的市场。

笔者在这里以三个市场为例讨论市场的被“异化”问题。第一个是外汇市场，第二个是全球大宗商品市场，第三个是债务市场，这些是现在我们比较关注的市场。外汇市场最典型的例子是香港地区人民币不可交割远期市场。外汇的功能主要是贸易支付，这是最基本的供需关系，但是也有投机套利需求。外汇市场是如何形成均衡汇率的？举例说明，如果可口可乐在美国国内是卖1美元一瓶，则到加拿大就相当于是1.5美元一瓶，定价不一样。根据一价原理，同样的商品只能有一个价格，有人把加元兑换成美元在美国购买可口可乐再运到加拿大卖，市场上对美元的需求便相应增加，这样倒来倒去，最后两边可口可乐的价格就一致了，美元对加元的均衡汇率也就形成。在这里，要实现均衡汇率同样是有三大要素，对美元的供给和需求，以及使两边可口可乐价格一致的可乐贸易规模带来的美元最大需求，这三者共同决定了均衡汇率价格。我们现在一说到人民币汇率市场化的机制改革就会提香港地区的人民币不可交割远期市场。人民币不可交割是什么意思呢？而这个所谓的远期市场，既不需要需求，也不需要供给，完全是投机套利行为，割差都是用美元来割差。而且资本投机赚钱的欲望是无限大的，没有效用最大化约束可言。在这里，市场定价的三要素一个都不存在，怎么可能形成对人民币的均衡汇率？这个

“市场”上的人民币汇率预期怎么可能是对人民币均衡汇率的参照？这是非常荒谬的。无本金交割远期外汇交易市场概念整个被投机行为异化，“看不见的手”的市场定价基本原理已经荡然无存。简单地说，人民币汇率市场化是很具有误导性的，拿无本金交割远期外汇交易的所谓市场预期对人民币汇率说三道四，甚至把无本金交割远期外汇交易作为人民币均衡汇率市场化的“市场”，将可能导致投机资本挟持人民币汇率。

非常值得注意的是，国际外汇交易市场已经完全沦为由投机资本活动主导的市场，换句话说，外汇市场完全被“异化”了。根据前面已经提到的国际清算银行的数据，2010 年，全球外汇市场日交易量达到 4 万亿美元，全年达到 800 万亿~1000 万亿美元，几十倍于 30 万亿美元的全球贸易规模。

国际外汇市场不乏汇率被扭曲的例子。2011 年 11 月，全球六大央行在同一天进行了外汇的互换，都是兑美元互换。因为欧洲债务市场的恶化形势蔓延到了西班牙、意大利，为了躲避风险，相关资金大规模抛欧元买美元。而所谓“避险”就是一个投机的代名词。之所以六大央行紧急互换外汇，补充投机性美元需求是因为欧洲市场上对美元的需求，大幅度上升，欧洲银行出现了美元流动性短缺。这一时期，欧元对美元汇率大幅贬值至 1.27，显然不是由贸易支付需求形成的均衡汇率，外汇市场实际上已经沦为一个以投机为主导的市场，外汇投机交易额大大超过了实体经济和国际贸易支付所需要的外汇规模。另外一个比较典型的外汇市场汇率被扭曲的例子是前几年的日元升值。2011 年，日本遭遇到了地震和核泄漏危机，要恢复经济，需要发行很多的债券，所以日元应该是贬值的，而事实上，日元不降反升，且升到历史的高点，比 1995 年升值的最高点还要高。最后，日本要求世界五大央行联手干预市场。日元升值重挫了日本的出口，日本 2011 年第四季度的出口出现逆差，重创了复苏中的日本经济。还有一个例子是 2010 年 11 月，因为美国的第二次量化宽松政策，美国开药方全世界吃了错药，造成全球流动性过剩，资本大量流进了新兴国家，中国也是一样，外汇积累大幅上升，通货膨胀加上资产价格泡沫，新兴市场承受不了巨大的压力，于是联手干预。巴西、泰国、印尼都进行了资本管制，新加坡也连续进行了外汇干预。这说明这个市场不是我们通常意义上的市场，金融资本太多，投机资本太多，投资泛滥带来外汇市场的巨额交易，不但破坏了市场定价的基本规则，扭曲了均衡汇率，还带来很大的经济风险。

1998 年，索罗斯攻击港元就是在港元汇率上大肆投机。他一边抛港元把利率提得非常高，另一边又在期货市场上卖空，把指数卖低几千点。因为银行都是隔夜拆借，利率高意味着借钱的成本高，利润低，借钱参与期指市场，投资活动就会萎缩，期货指数就会下跌。在 1997 年的港元保卫战中，香港特区政府在中央政府支持下，与国际炒家进行了短兵相接的鏖战，只要炒家抛港元，港府就用美元买进，从而维系了港元的稳定。最后利率没有推上去，指数也没有掉下来，还维持在了 7000 点的高位，最后割差大概 2000 点，索罗斯损失了 7 个亿。我们不得不震惊——投机行为能量大到可以与中国政府较量。

更值得注意的是，这种被异化的市场在不知不觉间偷换了真实市场的概念，而且被误导成全球游戏规则。国际货币基金组织在并未深入探讨外汇市场变化的情况下，默认了被异化的外汇交易市场。它在同意人民币加入其特别提款权的两个条件中，除了要求拥有足够大的贸易规模之外，还要求有足够大的流动性规模，实际上是要求人民币的流动性要满足投机性货币交易的规模，而不仅是贸易支付规模。通过对资本和市场的分析，我们认为第二个要求是没有道理的，是在助长全球的外汇投机行为，对全球经济的稳定非常不利。因此，国际货币基金组织的默认是非常危险的。按照一个“被异化”的外汇市场的游戏规则国际化本币，人民币国际化只会使全世界又多一个投机货币，使全球经济更不安宁，也给中国经济本身带来很大风险。笔者认为通过加盟特别提款权实现人民币国际化是可行的，但是目前国际货币基金组织的第二个要求是不合理的。中国加盟特别提款权，从防范风险、防范危机的角度看，首先是要还市场本来的面目，要从改变国际货币基金组织对于加盟特别提款权的第二项规定开始。如果是按照真正的由外汇职能形成的外汇市场交易规模，中国只需要有足够满足支付需求的人民币流通规模就够了，这样人民币只要部分可兑换就可以，从而能避免完全可兑换带来的不可控风险。

第二个被异化的市场是全球商品市场，以石油市场为例。2008 年上半年，金融危机使金融资本大规模转战国际大宗商品市场，有报道显示，有数千亿的资金进入了大宗商品市场，推动大宗商品价格完全脱离均衡价格大幅上涨。最典型的是石油价格上涨到每桶 147 美元。在美国航空公司的压力下，美国国会要求芝加哥期货交易所对此展开调查，看是否存在操纵价格的行为。调查结果显示，价格的大幅上涨，有 70%以上是投机行为所致。2009 年年初，石油价格下跌至每桶 32 美元，芝加哥期货交易所的第二份调查报告显示，有 81%的价格下降是由投机资本造成的。

经济学的基本原理告诉我们，商品的均衡价格应该是由市场供求关系决定；但是当商品市场变成一个以投机性为主的市场以后，供求关系决定市场价格的基本原理就荡然无存了。投机资本即没有对石油的任何需求，也不需要石油供给，投机资本不受“效用”最大满足度的约束。无限膨胀的“赚钱效用”，使投机资本有强烈的动机在油价上涨时把价格推得更高，在油价下跌时把价格降得更低。2008 年，石油价格最高的时候被预期涨至每桶 200 美元，最低的时候被预期降至每桶 20 美元，就完全是投机需求推动的预期所至。因为有效需求决定的均衡价格，是在开采成本和效用满足度的共同作用下形成的，不可能有每桶 180 美元的跨度差异，只有在价格剧烈波动中能够赚钱的投机行为才有动力推动价格的大起大落。金融资本的投机行为既从理论又从实际上破坏了石油的“均衡价格”的形成机制。如果不限制金融资本在大宗商品市场上的大规模投机行为，大宗商品价格的大起大落现象将不会停止。经济学理论论证过的商品市场的价格基本原理也将被破坏殆尽。

石油价格还受到石油政治和其他很多因素的影响，早就不再是真正意义上的自由市场。切不可以昔日的市场概念论现在的“市场”。

债务市场也被异化的资本左右。大量债务融资工具的提供是导致欧债危机的原因之一。换句话说，欧债膨胀也与金融资本的自我膨胀有关。为什么一直担心欧债危机爆发会引发银行危机？因为欧洲债务都是银行持有，换句话说，与华尔街的银行制造了美国危机一样，是欧洲银行自我膨胀的动力，创造了太多的债务融资工具，为欧元区各国政府债务融资提供了渠道和机会。希腊加入欧元区之前已经存在的高额债务，就是被高盛成功掉期暂时掩盖了债务风险，最终成为希腊债务危机或者欧债危机爆发的导火线。欧洲银行通过资金杠杆持有了政府债务，银行“公允价值”资产随着欧洲各国债务规模的扩大不断膨胀。当欧洲政府濒临破产，债务危机爆发，就像三年前华尔街的银行一样，欧洲银行的破产风险就与债务危机的演变绑架在了一起。金融机构不务“中介”机构的正业，脱离实体经济，自我膨胀，最终成为泡沫经济的危机生产者和欧债危机的始作俑者。

政府发债的目的是增加政府支出，推动经济更高的增长，但是欧洲各国政府积累的债务根本没有用于推动经济增长，各国的经济增长并未因为债务增加而改善。希腊、葡萄牙、爱尔兰等国经济的长期低增长甚至负增长，意大利经济十年的零增长，西班牙高达21%的失业率，说明重债国的债务赤字并非用于促进经济增长。

欧元区各国经济发展停滞，而超过财政支出60%的福利支出却节节攀升，说明赤字债务与过度的福利增加有关。欧洲选票政治的过度承诺积累了巨额债务，欧元区一些国家走到国家破产的窘境与选票政治有直接的关系。政治家为了竞选成功，都对本已经很高的福利体系做了进一步的承诺，一旦当选就必须兑现承诺。欧洲一些国家在10多年甚至20年前就已经过了经济高速增长的阶段，达到高发展水平上的均衡增长。比如20多年前，法国人口老化加速，劳动力红利消失，经济进入一个平稳增长的时期。意大利近十年的经济几乎都是处在零增长水平附近。经济增长平稳，财政收入不可能大幅增加。政治家们为了兑现提升福利的承诺，其资金当然就要依赖发债来筹措。下一届政府再重复上一届的“财政政策”，如此循环，由此造成了债务的天量积累。希腊危机爆发，暴露出政府债务在十年前就大大超过《里斯本条约》规定的现实。各国政府的巨额债务都是在多年前就开始积累，并不完全是危机救助的缘故。

欧债发行脱离了经济增长和相应财政收入增长的基础，这种没有经济增长和财政收入增长支持的债务膨胀与庞氏骗局无异。当骗局不能维系时政府破产，造成各国政治家们利用缺失财政约束的体制，把无止境的国债发行变成达成政治利益的工具，这是酿成欧债危机的重要原因之一。

我们清楚地看见一个被异化的欧债市场。

以上讲的三个市场，已经不是我们原来概念里的市场，认清这一点非常重要。

华盛顿共识倡导的所谓金融自由化，是资本异化和市场异化的推手。金融自由化的核心是金融资本的全球流动。眼下，外汇交易市场、商品市场、债务市场、美国市场、欧洲市场、亚洲市场，都已经面目全非，“市场”已经是金融资本投机活动平台的代名词，人们已经忘记市场的真正定义和定位。但是，我们并不认为金融自由化以及由其推动的“资本”概念和“市场”概念的异化是正确的。

第一，在理论上，没有任何证据和结论显示金融资本的自由化是能够带来全球多赢的；而实践中，金融资本屡屡成为危机的始作俑者。直接投资资本的全球流动可以带来流出国和流入国福利的共同增长，这是得到国际贸易理论和实践充分证明的。但是金融资本与直接投资资本的属性完全不一样。金融资本是博弈高风险，追求高收益。特别是对于新兴市场国家，当金融资本大规模流入时，会制造价格泡沫和通货膨胀，当金融资本大规模流出时，则往往成为金融危机爆发的导火线。实践证明，金融资本的大进大出多次制造了地区性、全球性的金融危机。1997 年亚洲金融危机、20 世纪 80 年代南美各国的货币危机和债务危机，以及这次美国百年不遇的次贷危机，都烙上了金融资本巨大破坏性的烙印。这次美国为拯救危机向金融机构注入了数万亿美元，导致投机性金融资本进入大宗商品市场和外汇市场，使得去年全球包括中国在内的高通胀压力非常大，中国政府几乎动用了各种方式来维持经济的稳定。

第二，金融资本大规模流入商品市场，造成大宗商品价格扭曲是违反经济学的基本原则的。石油价格的大起大落成为全球通胀和经济不稳定增长的重要因素。

第三，金融资本的投机行为，把低风险的收益固定的债务市场变成高风险的金融衍生工具的赌场和隐藏债务的欺诈之地，以及选票政治的工具，破坏了债务市场本应配置资源推动经济增长的基本游戏规则。

不论从理论还是实践的角度，我们都不能不认同金融自由化以及金融资本的全球自由流动才应该是全球的游戏规则。

美国部分主流经济学家希望从理论上支持金融资本的全球自由流动。伯南克先生在其著名的全球经济再平衡的模型中假设，发达国家应该是资本输出国，发展中国家应该是资本输入国。而中国和美国正好相反，两国的资本流向违反了这个“假设”，所以中国应该开放金融市场，才能实现全球再平衡。在这里，伯南克先生混淆了金融资本和直接投资资本的概念。发展中国家需要流入的是直接投资资本，而不是开放金融市场，放任金融资本自由地流进流出。所谓推动金融资本在国家之间完全自由流动是在偷换直接投资资本的概念。如果“市场”不能重新被“正名”，“市场”活动不能被经济学的理论所诠释，经济学就要爆发理论危机了。

笔者认为有必要在概念上严格区分以投机行为为主的“市场”与真正意义上的市场。如果可以在理论上证明以投机行为为主的市场是合理定价的基础，如果可以在实践上证明以投机行为为主的市场具备基本市场功能而不会破坏效率和公平，我们就可以按照新的合理的“市场”和市场规则行事。但是如果没有办法证明被异化的市场的合理性，那么还是要回归市场经济基本的游戏规则。我们要利用中国在全球的一定的影响力，去改变游戏规则，包括特别提款权的那些规则。中国人对中美两国集团（G2）这个概念是不太承认的，但是实际上大多数国家真的认为是中美两国集团在决定世界。当然中国不要夜郎自大，我们还有很多的问题，但是在大的国际舞台上，我们有自己的利益，应该利用我们的影响力和话语权，逐渐团结很多和我们利益相关的国家和地区，最终推动世界游戏规则的改变。我们应该坚持真理，既从理论又从实践上还原市场经济的本来面目，这不仅对中国的利益是非常大的保护，对经济学也会是很大的贡献。

国家资本主义并不必然避免危机

在本文的最后，笔者想明确提出，国家资本主义并不必然能够避免危机。在过去计划经济的时代，曾经有一些理论定义过国家资本主义，其实，最早的关于国家资本主义的定义是出现在《列宁全集》里。当下国家资本主义的提出当然有了新的含义，像《经济学人》这样的外国主要媒体，都把中国的这种模式定义为国家资本主义的模式，我们当然不认为中国是在实行国家资本主义，至少官方不会认为中国是国家资本主义的模式。笔者也不想在这里全面定义国家资本主义，但是至少可以做个观察，它是一种经济形态，也是一种社会形态，具有一些自己的特点。首先，国家资本主义经济体里有一定的私人资本，但是一定同时有很大规模的国有资本，这跟中国的情况也很相像。其次，国家资本主义经济体的经济运行主要是由国家主导。

在这一轮的金融危机中，发达国家也就是所谓的自由资本主义国家至今经济复苏乏力，而新兴市场国家的经济增长和走出危机速度相对比较强劲，这是不是说国家资本主义就是很成功的模式呢？

如果国家资本主义经济体能够依靠国家的力量，坚持资本直接投资的本来属性，改革一切阻碍直接投资资本自由流动和不利于公平竞争的制度和规则，推动实体经济按照经济规律发展，那么，虽然其不可能回避由产业周期带来的经济周期的波动和影响，但是可以避免重大的经济和金融危机。

但是，如果国家资本主义经济体发展到一定阶段以后，特别是在全球化的大趋势下，简单地采取所谓与国际接轨的方式，接轨被异化了的以金融资本的自我膨胀为主导的资本主义的增长模式，不但私人资本会被异化，强大的国有资本也会脱离实体经济，异化演变成金融资本和投机资本，从而金融危机和经济危机就将不可避免地在国家资本主义经济体中爆发。

中国被一些著名的国际报纸杂志排入了国家资本主义经济体之列，也被认为是国家资本主义崛起的一个案例；但是我们认为中国崛起的过程还未画上句号。中国至今能够在美国危机和欧债危机中免于大伤元气，最主要的原因是，三十年的改革开放，不论是最初的出口导向，后来的扩大内需，近期的发展方式转型，都牢牢把握住了依靠实体经济发展的增长方式，主流的私人资本和国家资本仍然属于直接投资资本的范畴，从而一直保持了较高的经济增长，直至2011年成为全球第二大经济体，国家的整体实力大幅提高。

但是这并不能证明中国国家资本主义就比自由资本主义更有优势来避免危机。实事求是地说，如果美国危机晚几年爆发，中国经济恐怕难逃劫数。中国已经出现了资本异化的萌芽，因此有必要对资本异化的动态保持高度的警惕。

2010年温州“钱赚钱”的“全民投资”就是区域资本空心化的一个典型案例，

如果对这种现象不做正确引导，民间资本还将带动银行资本虚拟经济的产业空心化，成为国际异化资本主义的国内版。

为解决中小企业贷款难的问题，各方面都在呼吁开放民间资本进入金融领域。从中小企业贷款难的问题应该由草根金融来解决的角度，成立更多的草根金融机构，使民间资金名正言顺地为小微企业提供信贷支持是正确的。但是如何确保这些草根金融机构，包括小贷公司、担保公司和投资公司确实是如其成立初衷那样，在主营小微企业的信贷活动，而不是做套取银行资金和高利贷的过桥贷款，也是民间资本进入金融领域应该同步被特别关注的问题。如果只放不管，民间资本完全可能率先被“异化”。尤其需要注意的是，如果把民间资本进入金融领域定位为让大量非法集资合法化，定位为直接投资资本的金融化，中国未来爆发由自身资本异化引发的金融危机概率就大大增加了，也等于埋下了国家资本主义的失败的伏笔。

最近有报道质疑中国银行业的暴利。已经公布业绩的几家上市银行，其利润增长都在 40%~50%，不但大大高于 9.2%的经济增长水平，还大大高于第二产业，也高于一直被称为暴利行业的石油和烟草业，这是不正常的。脱离实体经济的银行利润增长，有可能是投资高风险的“钱”赚“钱”游戏的“资本异化”的结果。更糟糕的是，银行的不合理的高利差利润提高了资金成本，可能会侵蚀实体经济的利润。同时为了获取更大的利差收入，银行不断扩张信贷规模，而为了满足扩张以后的坏账拨备和资本金要求，银行又不断向资本市场融资，使得本应是向实体经济配置资源的银行，反而变成资源的占用者。银行降低了存贷比以后继续盲目贷款扩张，在如此恶性循环过程中，通过高风险产品表外放贷，或者像美国一样通过证券化向市场释放风险循环信贷资金，银行资金变身高利贷资金，盲目向大企业和地方政府平台放贷，诸如此类的各种高风险活动不断发生，资本的异化越来越严重。特别是大银行，国家资本巨大，有关方面可能据此不考虑银行活动带来的后果而对其大开绿灯。这是需要高度警惕的。

近年来，地方银行扩张为全国银行的动力很大。地方银行的优势本来就是本地化，它们本应关注本地企业和经济的发展，而不应该全国扩张。从危机防范的角度，地方银行也不应该异地扩张，这会加剧银行业的无序竞争，同时非常容易制造出更多的太大不能倒的系统性风险金融机构。美国次贷危机中有超过1000家小银行倒闭，幸运的是，这仅仅是产生局部影响，而雷曼公司的倒闭则引发了全球系统性金融危机。地方银行的盲目扩张便是中国金融体系系统性风险的另一隐患。

中国的房地产市场是一个投机性为主的市场。在投机性市场上的资本是谋求高货币回报的，也就是一个“钱”赚“钱”的概念。高房价使得大量民间资本和银行资本都涌进房地产市场，房地产市场成为资本异化和资本空心化最大的制造场。中国居民储蓄从2007年的14万亿元上升到2010年的30万亿元，三年之内增加了16万亿元，在这个过程中，高房价制造的货币财富增长效应功不可没。现在，房地产市场正在调控，但是利益群体的政策博弈力度也很大。如何开发新的增长点保证经济平稳增长，以使房地产的调控能不受干扰，是中国政府面对的挑战。

大家关心房地产价格会有多大幅度的下降，当前房地产调控的政策说明已经是时候转向。笔者前面已经提到，当一个市场转变成以投机行为为主的市场，房子变成了资产，变成一个投资品，就离开了它最基本的居住属性，跟石油一样，没有办法找到均衡价格，更无法形成稳定价格。笔者认为房地产调控的终极目标不仅仅是价格下降，而是一定要把房地产市场变成一个真正的以居住属性为主的市场，价格不但要降下来而且要稳定不能反弹。在这种情况下，政策应当不会放松，很多政策将可能变得长期化或者制度化。如果房地产价格下降到原来的50%就放松政策，那将又变回投机性的市场，政策调控就没有任何权威性了。因为房地产市场的投机行为确实风险很大，所以政策要特别注意这个问题。

中国政府最近专门提出要围绕实体经济发展的思想，制定了引导民间资本投资实体经济的政策，这说明政府层面已经关注到由资本空心化带来的产业空心化风险。如果中国政府能够充分发挥国家资本主义的优势，在坚持市场化改革的大方向下正确引导中国经济实现转型，也许能够创造出一个成功的国家资本主义案例。

按照资本异化的分析思路，国家资本主义的成功并不具备必然性。因为国家力量比资本异化经济体中利益集团的力量更强大，如果国家资本主义经济体重蹈资本异化经济体的覆辙，不但私人资本被异化，巨大规模的国家资本也会被异化，由此引发的金融危机对经济的伤害更大。中国经济到目前为止，虽然遭到了金融危机的影响，但是基本上没有伤筋动骨。如果我们自己异化资本、异化经济、异化市场，最后由我们自己的问题引发危机，那么这种危机就一定会伤筋动骨。所以我们要保持对资本异化高度的警惕，这是我们最终能否成功崛起的很重要的一个问题。

中国要避免危机，除了不能异化资本、异化市场，以及要重视我们刚才说到的那些问题以外，更重要的还是要坚持一些市场化的改革。当然，我们不能沿着被异化的市场去改革。金融创新不要过度地虚拟经济，人民币汇率形成机制改革要避免受异化的外汇市场影响，人民币国际化要避免其变成一个新的投机货币。要切实做到围绕实体经济发展，必须改革阻碍直接投资资本自由流动和不利于公平竞争的制度和规则，这个非常重要。我们要围绕实体经济发展我们的制度，要引导民间资本中的直接投资资本来投资实体经济，而不能增加民间资本的金融属性。要改革不利于公平竞争的制度和原则，因为我们追求的是效率和公平。现在通行的思想方法存在一定的问题，我们不只是要与国际接轨，还要坚持取其精华、去其糟粕。让好的东西为我们所用，而摒弃不好的东西。另外，我们否定“异化”的市场，并不等于不要市场化的改革，向着正确的方向不断进取，这是我们永远不变的理念。

第三章

把通胀关进笼子里

随着社会的进步和发展，CPI作为经济学中衡量物价走势的一个指数，已经为越来越多的老百姓所熟悉。学界也往往将统计局每次发布的CPI指数作为通胀形势的判断依据。

但是在当下，CPI指数经常被误读，尤其是在经历了金融危机之后，CPI数据稍有风吹草动，大家就唯恐通货膨胀降临。实际上，CPI是一个显示当期通胀水平的数据，单月CPI数据的涨跌，不能够作为对长期经济形势和未来政策判断的依据。人们对此不必恐慌也不需国家立刻进行干预。

通货膨胀本质上是一个货币现象，以控制通胀为目标的货币政策如何应对实施，如何在通胀和经济增长之间找到政策的平衡，如何实行通胀预期管理的四要素等，才更应该受到各方的高度关注。

最容易被误解的CPI

众所周知，CPI即消费物价指数，是根据与居民生活有关的产品及劳务价格统计出来的，通常被作为观察通货膨胀水平的重要指标。一般市场经济国家认为，CPI增长率在2%~3%即属于可接受范围。当CPI同比增长大于3%时，我们称其为通货膨胀；而当大于5%时，我们称其为严重的通货膨胀。CPI被看作观测通货膨胀水平的指标，本无可厚非；但这个小小的指标数据，却常常被误解。常有人把CPI的指示作用教条化，一旦某个月的CPI数据高于常规水平，就对大形势做出反应过度的预判。

我们认为，CPI是一个显示当期通胀水平的数据，一个单月的CPI数据不可以作为对未来态势和政策的判断依据。CPI告诉我们当期通胀水平，以及与上一年同期比较，价格总水平上升了多少，基于此，可以倒回去对影响CPI的因素进行分类分析，从而对通胀形成的原因有更清晰的认识。但是，一个单月的数据并不能够提供给我们更多的信息，也不能传达形势变化的讯号，我们也不必要因为它的变化而调整本来已经确定的政策。

首先，CPI涨幅下降，并不意味着必然会出现通货紧缩。以2012年为例，CPI数据从2011年12月的4.1%一路下降，到2012年7月降至2%的水平以下，那么，这是不是意味着中国已经进入了通货紧缩？我们认为，即使CPI涨幅连续下降至

1.8%，低于 2%的常规下限水平，也不能说是在释放任何通货紧缩的信号。通缩不是一个孤立的现象，与通胀一样，通缩是一个经济现象，是经济形势的一部分，与经济增长形势联系在一起。一般情况下，高通胀与经济过热联系在一起，通缩与经济衰退联系在一起。只要对经济增长形势做更全面的分析，不孤立地看待CPI这一个数据，就不会做出武断的判断。简单从CPI数据的起伏涨跌就做出通胀或通缩的判断，是不科学的。

其次，CPI涨幅下降并不意味着我们的货币政策应该宽松。2012 年 7 月，CPI 指数增长 1.8%，就有观点认为其已经明显回落趋于平稳，相应地，货币政策就应该有所放松。这种解读强化了资本市场降低存款准备金率的预期。这种认为通胀形势平稳银根就要放松的观点，是对货币政策缺乏基本认识的表现，同时也对资本市场产生了误导作用。货币政策作为宏观经济的调控工具，是要随着经济形势的变化逆周期调整的。经济过热，通货膨胀，货币政策就会收紧，经济大幅下滑，失业率大幅上升，货币政策就应该是降低利率刺激投资创造就业。但是，如果经济平稳增长，并未过热，也没有衰退，货币政策就不应该过多去干预经济活动，制造经济增长的不稳定波动。

中国经济正式开始利用货币政策作为工具调控经济大概有 20 年的时间。20 世纪 90 年代初的高通胀，2004 年的经济过热，2007~2008 年上半年因为资本大规模流入造成的流动性严重过剩，以及石油价格大幅上涨导致的原材料成本上升，这些都推动了通胀形势上升达到 8.7%的高位，对此，货币当局都采取了紧缩的货币政策；而在受到 1998 年亚洲危机的影响和 2009~2010 年美国危机的影响时，货币当局都采取了宽松的货币政策。除了这些特殊情况以外，在其他经济平稳增长的年份，货币政策都呈现稳健的态势。所以，当通胀态势平稳时，货币政策就应该回归正常，而不是由调控通胀的紧缩状态立即变成调控衰退的宽松状态。如果货币政策的实施是非紧即松或者非松即紧的极端交替，可能会使本来平稳的经济变得不平稳，甚至造成更大的波动。

货币政策的“显性”目标是调控通胀和通缩，因为通胀通缩都与经济增长相关，所以非稳健的货币政策紧缩或者宽松是通过减少或者增加经济运行中的流动性来操作的。从这个意义上说，经济增长应该是货币政策的“隐性”目标。所以，当前稳增长的货币政策应该以经济运行中的货币需求增长以及与之相匹配的流动性状态为指标，这样才能避免过度透支货币造成通胀隐患，或者是流动性不足遏制增长。换句话说，货币供应量的增长不能依靠盲目地印发货币，而要与实体经济的有效总需求同步。稳增长的货币政策，要围绕实体经济，要有利于释放有效投资需求和有效消费需求以及随之产生的货币需求增长。

把通胀平稳回落的态势解读为货币政策应该放松的理由是非常误导大众的，货币政策从来就不是非紧即松的两级变化。推动货币政策脱离实体经济运行中的有效货币需求增长，制造过度宽松的货币环境，不但不会对稳增长有实质性的作用，反而在加剧结构性矛盾和加大通胀压力方面有更大的负面作用。

另外，当月CPI并不能告诉我们未来是否会发生通胀。CPI不是一个前瞻性指标，CPI数字只是当期价格总水平的量化显示，严格来说不能够发出任何关于未来CPI将如何变化的信息。对于未来通胀形势的判断只能通过全面对称信息进行动态的分析。

总之，对未来经济形势的预判，不能仅仅依靠CPI这一个指标，不能把CPI数据的影响扩大化，而要结合其他指标信息进行综合分析。误解和夸大CPI数据传达的信息，会给政策的制定和实施带来误导，贻害无穷。

通胀本质上是一个货币现象

我们坚持认为，单月CPI数据的涨跌形势，不可以作为对长期经济态势判断的依据。单月数据的异常变化，可能是季节因素的作用，也可能是受偶发性因素的影响。2013 年，影响居民消费价格的偶发性因素很多，例如季节性因素导致的蔬菜价格波动，以及禽流感导致的肉类价格波动等，都可能导致CPI数据的变动。但这些非常态因素，不足以影响我们对 2013 年全年经济态势的趋势性判断。统计局数据显示，2013 年，CPI数据在经历 2 月短暂冲高至 3.2%后，3 月同比上涨 2.1%，4 月 2.4%，5 月 2.1%，6 月 2.7%，即连续四个月在“2”水平运行；而根据统计局发布的 2013 年上半年经济数据，CPI同比增长 2.4%，PPI（生产者物价指数）同比下降 2.2%。所以，不必对经济的月度数据过度解读，零点几个百分点的变化，不会改变经济的实际运行趋势。股市因零点几个百分点的变化就涨跌更是没什么道理。

当然，对于CPI数据细微变化的敏感，主要还是基于对货币政策是否有变的关心和猜测。通胀率是判断经济形势是否稳定的重要指标，高通胀衍生的货币贬值更是关系到老百姓收入的购买力，因此，通胀指数成为老百姓的首要关注点也是必然；不过，PPI对CPI的传导压力也不可忽视。以控制通胀为目标的货币政策如何实施，如何在通胀和经济增长之间找到政策上的平衡，应该受到各方的高度关注。

单月CPI数据的变化，可能是受季节性或偶发因素的影响。如 2013 年 2 月，

CPI同比上涨幅度较大，主要是受到了春节节日因素的影响。节日里老百姓消费增加，特别是食品以及相关各类礼品的需求都在增长，因此，在CPI中占比较大、较敏感的食品价格有所上涨是合理的。每年的春节期间，基本都会出现这样的“季节性因素”，这是符合经济变化规律的。而春节过后，如果没有特别的原因，随着食品价格的下降，CPI一般都会有所回落。如2012年，春节在1月，1月CPI数据呈现出因受季节性因素影响而上涨的态势，而2月即有所回落。

实际上，我们应该从全年的角度来关注输入型通胀压力的显现，在通胀与经济增长中找到政策的平衡，才是我们真正应该关心的。通胀本质上是一个货币现象。在全球化和美元本位的国际货币体系大环境中，本国的通胀率不但受本国货币发行的影响，还会受到美元以及其他国际货币发行的影响。在美联储实施超常规四轮量化货币政策后，再加上欧洲央行和日本央行的宽松货币政策，全世界流动性过剩明显。这将从两个方面给新兴市场国家带来输入性通胀的压力。一方面是资本的流入加速——2013年2月，外汇展开超过6000亿元的被动货币放行态势。另一方面是流动性泛滥加剧国际大宗商品市场的投机活动，大宗商品价格开始高位运行，例如2013年上半年，石油价格在每桶100美元上下运行。如果全球性的以美元为首的量化宽松政策不改变，新兴市场国家将重蹈2010~2011年的经济困境覆辙，通胀将卷土重来。

国内近几年的货币发行政策也比较宽松。2012年，名义GDP增长不超过10%，但是货币供应量增长了13.84%，超过名义GDP增长率4个百分点。由此来看，国内也存在一个通胀的货币环境。按照规律，货币发行与通胀有个滞后期，近几年，国际国内都处于宽松的流动性状态，使得2013年通胀形势的变化压力加大。

PPI是上游生产资料的出厂价，对CPI有传导作用。2013年6月，CPI同比上涨2.7%，PPI同比下降2.7%；2013年上半年CPI同比增长2.4%，PPI同比下降2.2%。

PPI数据仍然处于负增长，这也是我们认为当前通胀不会急剧恶化的原因。但是购进价格指数的连续数月上涨，使得PPI可能会由负转正。PPI由负转正，可能是因为被动的国际大宗商品价格上涨带来的输入性影响，也可能是与国内经济趋于活跃、原材料需求增加有关。如果是前者，对通胀而言就是负能量；如果是后者，则意味着上游产业的利润增加，有利于投资意愿增加，对经济产生的是正能量。但不论是正能量还是负能量，都会对最终消费价格施加压力。我们认为，2013 年，PPI转负为正的两类原因共存，需要注意的是负能量与正能量叠加造成的通胀压力。

因为通胀本质上是一个货币现象，所以货币政策的主要目标从来都是运用货币政策工具调节货币发行，从而控制通胀。面对通胀压力，通胀控制便成为 2013 年货币政策的目标。央行有关人士也做了相关表示。在短期内，我们不认为央行会采取紧缩的货币政策。央行完全可以把部分外汇占款转化为满足经济正常运行的货币发行，让资本流入为我所用，这样可以部分化解资本流入的压力，也不会因为紧缩货币对经济增长产生负面效应。不过比较困难的是，资本流入与经济运行的节奏可能是不一致的，这时候就可能需要动用相应的货币工具来适当调控资本流入的规模，以保持经济运行的稳定性。至于什么时候动用什么工具，要视宏观综合指标显示的情况而定。实际上，央行自危机以来已经积累了调控流动性的丰富的经验。2011 年，为了快速收回与经济运行节奏不一致的由急剧增加的资本流入带来的被动增加的外汇占款，央行 6 次提高存款准备金率；2012 年，频繁的公开市场操作显示，央行对流动性的控制更加收放自如。在利率市场化的改革进程中，制定货币政策也会适时动用利率工具。如果资本流入大大超过正常水平，也不排除央行动用资本管制工具的可能性。

至于季节性因素造成的食品价格上涨，不需要进行太多的干预，特别是不要干预收购环节的价格上涨。季节性因素是规律性的东西，市场会进行自我调节。2013

年春节以后，食品市场价格涨幅回落就体现了这一规律，季节性价格变化不属于市场失灵表现。反规律的干预会造成价格信号的扭曲，对农产品生产者也有欠公允。城市居民不必对季节性食品价格涨幅过度反应。一般季节变化以后，季节性因素就会消失，价格会相应地回归。

2013年“两会”报告确定了当年年内13%的货币增长速度。我们认为，13%的货币供应量增长与当时估算的当年度名义GDP增长大概有1个百分点的差异。如果货币政策能够将货币供应量的增长控制在13%的水平左右，包括非银行融资即所谓社会融资总额以及其乘数效应所创造的货币，那么不论动用什么货币工具，都不是紧缩的货币政策，而是在通胀的调控目标与经济的平稳增长之间达成平衡。

谨防触发通胀导火线

近年来，中国经济一直承受通胀压力，控制通胀成为货币政策的一项目标。央行有关人士也做了表示，如前文已经提到的，当前"通胀预期"确实存在。但必须明确的是，通胀预期不是通胀，不可把"预期"当成现实。

什么是"通胀预期"？"通胀预期"实际上是认识到流动性大大超过经济运行的货币需求，从而对未来通胀恶化的不可避免而产生的担心。担心只是一种心理现象，事实还没有发生，所以是"通胀预期"而不是"通胀"。当然，通胀预期的形成，以及其是否会推动通胀恶化是一个"进行时"的动态过程。通胀预期一般是在经济运行中有效需求被激活的过程中产生，特别是在为拯救经济而发行货币，货币随着经济活动较快循环，产生数倍的乘数效应和创造货币的能力，推动经济较快增长，带动价格水平上涨的时候。如果存在"通胀预期"，需要提前对其进行管理，以防止通胀预期被不断强化，最终造成通胀的形成和恶化。

迄今为止任职时间最长的美联储主席威廉·马丁先生有一句名言，"在盛宴之前撤掉酒杯"，意思是对通胀的管理不能等到通胀恶化了才进行，一定要提前管理。撤掉"酒杯"就是动用货币工具收回货币，保持流动性的合理性，以支持经济的正常运行，避免通胀恶化。

控制通胀，首先是全面管理通胀预期；而对通胀预期的管理，是要适时采取合适的方式，改变通胀预期所担心的流动性过剩的货币环境，通过科学的管理，使通胀恶化的条件得到控制，把通胀的趋势制约在可控水平上，最终避免恶性通胀的发生。因此，通胀预期管理的直接目标就应该是合理的流动性管理，就是需要控制“多余”货币，避免会导致通胀恶化的货币环境形成。必须要针对过剩流动性的情况做提前调整，避免流动性过剩导致的通胀恶化。

合理流动性管理的指标是什么？合理流动性管理的指标应该是货币供应总量增长，增长率超过经济增长率加上通胀率的3~4个百分点。这样既能保证经济的正常运行，也满足了因价格水平合理上涨所增加的货币需求，超出的3%~4%的货币供应量增长，给经济活动留下了更灵活的调整空间。

此外，通胀预期管理还要注意其他非流动性因素。为有针对性地管理过剩流动性，应该清楚过剩流动性的来龙去脉。与许多发达国家不同，国内的资金主要是来自间接融资，所以流动性管理与银行行为有很大的关系。当前的过剩流动性主要来自三个方面：

第一个方面，是银行的信贷规模远远超过经济运行所需。2012年，我国全年新增贷款达到8.2万亿元。我们注意到，企业存款同期增长了5.6万亿元，这说明企业不需要过多的新增信贷。如果新增贷款水平增长过快，超过经济正常运行的货币需求，信贷就会流向资产市场。信贷在资产市场和银行间的流转，使得货币产生数倍于经济增长所需要的货币供应链增长，最终便造成比较明显的流动性过剩。

第二个方面，是由于银行信贷节奏。银行如果在第一季度和第二季度大规模发放贷款，加大全年的乘数效应和货币创造能力，也容易造成流动性过剩。

第三个方面，是输入性流动性影响。输入性流动性主要是来自非贸易非直接投资资本的大规模流入。非贸易非直接投资资本实际上就是投机性资本。投机性资本的大规模流入带来两方面的影响：

首先，被动结汇发出的基础货币增加了经济运行中的流动性，强化了通货膨胀的货币环境，这在某种程度上抵消了国内管理流动性过剩的货币政策效果。2007 年，我国货币当局 10 次提高存款准备金率，6 次提升利率，还大力度地启动公开市场操作和发行央行票据等货币工具，却最终没能完全对冲结汇发出的货币，没有缓解资本流入造成的流动性过剩的影响，使其最终成为 2007~2008 年通胀水平上涨的主要货币因素。

其次，投机性资本不是进行实体经济的投资，其主要投资目标是资产市场，即股市和房市。如果投机性资本大规模流入，一定会助推房市价格和股市价格，形成股价、房价、物价上涨的三联动。2006~2007 年的股市和房市价格大幅上涨，流入的投机性资本可能起到了不可忽视的作用。这也是 2007 年下半年至 2008 年上半年通货膨胀的流动性过剩环境形成的主要根源——由于国内实施紧缩的货币政策，外部输入的流动性就成为主要原因。

可以清楚地判断，虽然目前我国的通胀水平不高，但多种因素正在促使通胀预期形成，我们现在是处在通胀预期的管理阶段。通胀预期管理的直接目标是通胀预期形成的最主要因素——过剩的流动性。而目前，我国经济运行中已经存在过剩流动性和继续推动流动性增长的动机和行为。如果不采取相应政策进行有效管理，不适时“撤掉酒杯”，过剩流动性可能会导致造成通胀形势恶化的货币环境形成，而一旦某些价格因素发生大幅变化，将可能像导火线一样，触发通货膨胀形势的恶化。

通胀预期管理的四要素

我们知道，管理通胀关键是管理通胀预期。大量实证研究证明，当通货膨胀真正恶化，采用按常规出牌的货币政策，比如逐渐小步加息的方式，一般没有太大的作用。而不按常规出牌，比如加大加息的幅度与节奏，或者配合其他政策工具加大操作力度，则可能过度打压经济，造成更大幅度的起落。只有当经济形势稳定，价格水平上涨的环境和条件形成时，再开始对通胀预期进行管理，才是至关重要的预防通货膨胀形势恶化的措施。管理通胀预期，我们认为有四个方面特别重要。

GDP高增长偏好管理

管理通胀预期要控制好经济的增长水平。在经济呈现稳定增长态势，特别是已经实现经济的潜在增长率以后，不要再刻意追求更高的增长。

潜在增长率一般是表示经济增长的一个长期均衡水平。当经济增长达到长期均衡水平后，要继续推动更高的增长，就一定会刻意加大投入和货币供应，从而导致短期内出现偏离潜在增长率，经济增长率和价格水平同时上升高于潜在增长水平的结果；但是，偏离长期均衡增长水平的更高增长是不稳定的，是高投资推动的短期结果。当价格水平上涨带动工资和其他成本上升，经济增长水平会回归均衡水平，但是会伴随更高的价格水平。如果再次推动经济增长短期偏离均衡水平，再次刻意加大投资，结果将可能是更高价格水平的上涨。如此循环，最后就是高通胀的结果。货币学派认为，货币供应增长与通胀水平增长直接相关，通胀是一个货币现象，通常也是发生在经济增长达到均衡水平的时候。

我们一直认为 2007 年到 2008 年上半年的通胀是货币现象，是因为在上一轮通胀形成过程中，中国经济正处在超过潜在增长率两位数的高增长时期，并且由外汇储备快速积累被动结汇造成的货币持续发行，具备了货币学派理论假设的通胀环境和条件。所以在经济恢复稳定增长后，根据国家信息中心的计算，中国经济在现阶段的潜在增长率，就是所谓全要素增长率，在 9%~10%。当中国经济增长稳定在 9%或者是 10%的水平以后，就不应再刻意推动更高水平的增长。否则，随着价格水平的上涨，通胀风险就不可避免。

当然，当经济增长方式发生根本转变，也就是制度进步的因素产生影响，或者是劳动生产率大幅提高，也就是技术进步的因素产生影响时，潜在增长率应该上升到更高水平，到时候，即便实现更高的经济增长应该也不会带来通胀风险。

流动性过剩的管理

通胀预期管理的直接目标是合理的流动性。通胀预期管理是针对通胀形成的条件进行提前调整，避免条件恶化导致通胀恶化。

理论和实践证明，通胀是一个货币现象。一般来说，在经济增长运行过程中，如果货币的发行量超过正常经济运行所需，价格水平就会上涨。如果流动性大大超过货币需求，未来通胀的恶化就不可避免。过剩的流动性应该是容易造成通胀的货币环境。

大部分人应该记忆犹新，上一轮的通货膨胀就是开始于 2005 年的流动性过剩。2006 年资金大规模流入股市，股市大幅上涨；同时资金也流向房市，房价也开始大幅上涨。在推动资产价格在 2007 年形成巨大泡沫的同时，资金流动性过剩的影响充斥了经济运行的各个方面，通货膨胀的货币环境逐渐形成。2007年下半年，市场价格水平开始上涨，其中，由猪肉供应不足导致的猪肉价格上涨，成为引发上一轮通胀的导火线。不同的是，上一轮流动性过剩更多是来自资本流入的结汇，现在担心的则是由过度宽松的信贷以及乘数效应所产生的过剩流动性。

所以，通胀管理以及通胀预期管理目标，就是对管理通胀的货币环境进行提前管理，对流动性进行合理管理。适度的新增信贷水平增长，特别是平稳的信贷增长，使流动性在全年意义上达到合理正常的水平，这将直接影响通胀预期管理目标的实现。所以，关于通胀预期管理，对过度的新增贷款进行有效调控，保持货币政策的适度宽松，适时恢复货币政策的正常效用就显得尤为重要。

从通胀预期管理的流动性目标定位意义上，与利率市场化程度较高、资金的杠杆化还没有得到真正遏制的美国和欧洲市场不一样，国内最佳管理流动性的货币工具应该是存款准备金率。调整存款准备金率，同时配合公开市场操作，完全可以达到直接控制流动性水平的效果。我们估计，存款准备金率和公开市场操作将是这一时期货币政策的主要工具。

当CPI去掉翘尾影响以后实际利率出现负数的时候，应该是利率调整的充分条件。如果统计局在发布CPI数据时，能够区分翘尾影响和新增要素的影响，将有利于货币政策对于利率调整时间的把握。

输入性因素的管理

管理通胀预期还需要管理输入性因素。输入性因素包括两方面。第一个方面的输入性因素是大宗产品价格的大幅上涨，特别是石油价格的大幅上涨。石油价格上涨不仅直接影响全球的通胀水平，还会引起投机生物制能的投资增长，继而带动生物制能原料玉米价格的上涨，进一步引发世界粮食价格的全面上涨，最终引发全球范围的通胀；特别是对发展中国家的通胀水平影响尤其明显。2008 年，全球有超过 70 个国家达到两位数的通胀水平，这与石油价格一路攀升到每桶 147 美元的高位有直接关系。

第二个方面的输入性因素是非贸易非直接投资资本的大规模流入。非贸易非直接投资资本实际上就是投机性资本。投机性资本的大规模流入带来两个结果，首先，结汇带来流动性过剩，强化容易造成通货膨胀的货币环境，某种程度上抵消了国内对流动性过剩进行管理的货币政策效果。前文提到过的 2007~2008 年通胀水平的上涨便是这一情况的典型案例。

其次，投机性资本不是进行实体经济的投资，其主要投资目标是资产市场，即股市和房市。如果投机性资本大规模流入，一定会助推房市价格和股市价格。2006~2007 年股市和房市价格大幅上涨，流入的投机性资本可能起到了不可忽视的作用。

2009 年年初，因为美元贬值，石油价格在缺乏强劲经济恢复态势支撑的形势下上涨 100%，曾经突破每桶 80 美元的高位。有数据显示，资本的流入在 2009 年 8 月后开始加快，8 月中国外汇占款超过 4000 亿，而近几个月的外汇占款都超过 2000 亿接近 3000 亿。大规模外汇占款意味着被动的货币发行量增长。巨额财政赤字使美元振荡贬值的概率很大，加剧了全球资本流动。外汇管理局的数据说明，当前资本流入的大幅增长实际上与商业银行的资本运作行为有关。如果能够对输入性因素也做出类似的基本解释，信息透明，则风险也就可控。但是，当前全球热钱的规模越来越大，新兴市场包括中国在内，资本流入压力越来越大已经是不争的事实。

要管理通胀预期，就要保持对这些输入性因素的密切关注。要严密监控资本流入情况，适时进行公开市场操作或者提升存款准备金率，或者两法并举，努力全额对冲进出口抵消之后的外汇占款，总之，要在输入性因素的影响再次形成不可控的气候之前做好准备。

通胀心理预期管理

通胀心理预期对通胀的影响不可忽视。在我国，关于通胀的讨论一直有一个误区，即把CPI上涨与通货膨胀等同。实际上，每个经济体都有一个可承受的通胀水平，只要CPI增幅在可承受的水平之内，通胀的形势就都应该是温和的和正常的。如果不改变"CPI上涨等同于通货膨胀"的看法，特别容易强化人们的心理预期，使消费者行为和生产者行为提前改变，从而抵消针对通胀预期管理的政策效应，使具有一定紧迫性的要素价格机制改革停步，人为加剧经济的大起大落。

可承受的通胀水平是由收入增长水平决定的。在收入增长水平高于通胀水平一定量的前提下，可以合理提高可承受的通胀水平。拉开实际通胀水平与可承受通胀水平之间的差距，对于控制通胀心理预期是非常有利的。

在通胀预期管理过程中配套一些通胀心理预期管理也是有必要的。比如，通过各类媒体开展普适性的关于"可承受通胀水平"的教育和讨论，训练并提升社会各界对通胀形势"正常变化"、"可承受水平之内的变化"或者"恶化"等不同类别的判断能力，推动社会形成正确的"通胀心理预期"。提高通胀可承受水平，使实际通胀低于通胀预期，从而降低由通胀恶化带来的恐慌。明确工资与通胀挂钩，特别是明确低保、退休人员的收入与通胀挂钩的政策，适时降低由价格水平上涨对实际生活水平产生的影响，减少民众对通胀形势的担心，淡化社会对通胀的关注。统计局发布通胀指标CPI数据时，可尝试分开发布翘尾影响和新增因素影响的内容，以区别CPI正常上涨与通胀恶化的本质上的区别。

只要不断跟踪和深入分析国内外经济和通胀形势的变化，准确把握提前量，制定有针对性的政策，实施综合政策工具，我们就能够有效地控制通胀预期，并成功避免后危机时代的通胀恶化风险。

过剩流动性管理的最有效货币工具不是利率

通胀预期的形成与的流动性过剩的货币环境有关。通胀预期的管理目标应该是流动性管理。针对过剩流动性的不同产生来源，直接管理流动性的最有效工具是调整存款准备金率和公开市场操作。在中国目前的金融体制下，信贷额度管理和对资本流入的严格监控，也是十分有效的工具。

第一，存款准备金率的调整，可以直接增加或减少银行可动用的信贷资金量，直接控制银行信贷规模以及货币创造的总规模。经过两次存款准备金率调整，国家从银行体系收回大概4000亿的流动性资金，还不包括减少的货币创造对流动性结果的影响。实行差别存款准备金率制度，也有利于“有保有压”政策的实施，对于向小企业发放贷款以及面向农村提供金融服务的银行，可以给予更宽松的可动用资金规模。

第二，公开市场操作，通过买卖央行票据可以更灵活同时也是直接地调整银行的超额存款准备金，从而影响银行可动用的资金规模。

第三，额度管理是调整银行信贷节奏的最有效工具。由于采用依靠利差赢利的经营模式，中国的银行一般都会在第一季度和第二季度发放全年70%~80%的信贷规模。而额度管理通过半年度、季度或者月底的信贷指标，直接平稳银行信贷全年的发放节奏。

第四，对流入房市和股市的银行资金进行管理也很重要，调整资产价格泡沫对通胀预期进行管理也很重要。楼市、股市价格上涨以后，资金在银行和资产市场之间周转，也是可以创造货币以及制造流动性过剩环境的；同时还能直接带动上游产品价格上涨，并传递到最终消费价格上，形成对通胀的压力。当前国家针对楼市的调控政策，是有利于通胀预期管理的。只要能够对大规模流入股市的银行资金进行管理，股市就不会大幅上涨。股市调控指标是股市增长要伴随20倍的市盈率，因此，对于平均20倍市盈率上下的股市震荡，不需要担心。

第五，对于资本流入的管理，短期内，要以不变应万变，严密监控热钱的流入情况，适时进行公开市场操作或者提升存款准备金率，或者两法并举，努力全额对冲进出口抵消之后的外汇占款。从长期来说，汇率机制改革是解决问题的根本办法。

第六，是保增长防通胀的双赢目标，用威廉 · 马丁先生“撤酒杯”的形象描述，把握合理流动性的规模应该有几个选择：其一，可以撤掉部分大酒杯，比如，加强窗口指导，减少对过剩产能行业的资金投入，推动整合较大的产业；其二，撤掉大酒杯换上小酒杯，即M2的增长率保持在轻微超过经济增长和价格水平上涨之和的水平上，以保证经济平稳增长与价格水平上涨所需的货币，使经济各方面都表现平稳而不是高风险高增长；其三，不撤杯也不换杯但减少酒量，用大杯斟上浅浅的葡萄酒以替代烈性白酒。即减少银行新增贷款规模，把危机时期的猛药——非正常状态信贷规模回归到正常规模。酒量下降，发酵程度也下降，从而降低乘数效应。经济形势也会恢复正常平稳增长。

只要善用货币工具，准确把握时点，以上货币政策对管理通胀预期、防止通胀的效果应该非常显著。

需要指出的是，利率并不是调控流动性的最有效工具。国际货币基金组织在一篇关于危机的分析文章中指出，利率对货币总量的影响并不是很大。虽然与国际货币基金组织分析的原因有所不同，国内利率调整对流动性管理的直接影响同样很有限。特别是在当前，通胀预期管理和保增长的平衡，利率调整增加资金成本，减少中小企业的边际收益，不利于经济增长稳定；房地产信贷利率的 7~8.5 折仍然存在，小幅利率调整还不如取消利率折扣对资产价格的影响来得大。目前的美元汇率变化频繁，利率调整对资本流入的影响很难把握。在采用一系列货币工具之后再加码政策力度，利率调整将不但不能强化通胀预期，反而会与通胀管理的初衷相背。利率调整肯定有利有弊，但在当前的形势下，利率调整的综合效果是弊大于利。如果因为翘尾影响，CPI 数据增长较大，造成实际利率呈微弱负值，也不必调整利率。只要把翘尾影响与实际价格水平增长分开，就可以缓解影响。当新增因素推动 CPI 大幅上涨的时候，负实际利率幅度不断扩大，利率的调整就显示出必要性了。

通胀预期的非流动性因素管理也是不可忽视的。

管理通胀预期要管理价格增长水平。目前，我国经济呈现稳定增长态势，完全可能实现经济的潜在增长率目标，因此无须刻意推动更高的增长。特别是要管理各省的增长冲动。要强调提升增长质量，推动增长方式的改变以及新兴产业的发展，而不是单纯地强调高增长。设置合理的有质量的增长目标，从中长期来说是推动经济持续增长的战略布局，从当前来说则是关于通胀预期管理的一个重要举措。切忌在经济恢复稳定增长以后进行通胀预期管理，延续过去的高增长偏好，继续推动更高的增长。与之相对应，对不合理的经济高增长地区要给予惩罚，比如，制定更高的节能减排指标，减少新项目的审批，减少中央财政资金的支持等。

通胀心理预期对通胀的影响不可忽视。长期以来，关于通胀的讨论一直有一个误区，即把 CPI 上涨与通货膨胀等同。经历了 2009 年下半年连续 5 个月的环比正增长以后，到 2009 年年底，CPI 已经同比转负为正。2010 年，随着经济增长的态势稳定，总需求推动经济增长，价格水平也随之进一步上涨。如果这个时候不改变大众“CPI上涨等同于通货膨胀”的认知，特别容易强化他们的心理预期，使消费者行为和生产者行为提前改变，从而抵消通胀预期管理的政策效应。

通胀预期管理需要实施综合政策工具，准确把握提前量格外重要。

通胀预期管理过程中要密切关注最容易恶化通胀的触发因素的变化。

原则上，当生活中不可或缺的东西发生了较严重的供需缺口，同时由于生产周期或者自然灾害以及其他不可控原因，供需缺口得不到很快满足，将会使价格呈不断上涨态势，最终成为触发通胀的导火线。

发生在我国20世纪80年代、90年代的通胀，都是由于食品、粮食的价格急遽上涨，导致了通胀形势恶化。在全球化的大格局下，石油和一些必须进口的农产品价格急遽上升，也对国内通胀形势的恶化推波助澜。2008年，全球石油价格上升到每桶147美元的时候，国内通胀也达到最高水平。

如果经济增长处在潜在增长率的水平，而同时经济处在流动性过剩的环境，这就等于遍地干柴，只要燃烧的导火线一点燃，通货膨胀的熊熊大火就会成燎原之势。

通胀形成因素不是非白即黑

有一个关于通胀上升原因的比喻，基本表述是“风筝要飞得高，需将线放长，但风筝飞得高，绝不是因为线放得长”。意思是钱多了会推高通胀，但是通胀高了“绝”不是钱多了的原因，即货币政策对控制通胀没有作用。这段话在字面上是有偏颇的，非常容易误导政策和判断。如果在中间改几个字，“风筝飞得高，需将线放长，但风筝飞得高，不仅是因为线放得长”，就比较全面和准确了。

这个观点对通胀原因的分析遵循了经济学的基本逻辑和思路。通胀一般有两方面的形成原因，一个方面是总需求推动的，另一个方面是总供给拉动的。如果是因为总需求的过度增长，比如投资消费增长过快，货币供应量就会被动增长过快，经济过热与总需求推动的通胀显然与货币有关，那么就应该动用货币政策提高利率与存款准备金来控制通胀。但是，如果通胀是因为石油或者大宗商品的价格上涨，是由成本大幅增长拉动的通胀，与货币并无关系，那么货币政策则没有太大的作用。这个观点认为，中国现在的通胀压力，主要是由于油价和大宗商品价格大幅上涨以后的输入性成本因素造成，以及国内劳动力工资上升的总供给拉动影响，而并非是由总需求推动的通胀，那么，相关货币政策，包括提升利率和存款准备金率，对通胀控制也没有作用。

这个观点的误区在于，第一，中国通胀形成的原因不是单一的，而是多重因素的混合作用。如果中国的通胀仅是由“总需求”这单一因素推动而成，或者仅是由“总供给”这单一因素拉动，上面的观点就有道理。但是如果通胀是混合因素影响造成的，上面的观点就有偏颇了。事实上，中国的通胀原因是复杂的，既有国内的原因，也有输入性的原因；既有总供给的拉动，也有总需求的推动，用央行报告的表述来说是“腹背受敌”。第二，货币因素本身就是总需求因素。经济学的基本理论认为，总需求曲线是由商品市场、货币市场和进出口市场三大曲线的均衡水平形成，货币供应量本身就属于总需求范畴。当前，从总需求角度，流动性过剩导致通胀的大环境已经存在。第三，不论是“被动”还是“主动”的货币过度发行，都是通胀的货币基础。中国货币供应量的增长并非是因为经济过热被动造成，而是为了拯救危机，“主动”地发行货币和大规模增加银行信贷，造成了既定的流动性过剩状态，但是，我们并不能因此认为，不是总需求推动的被动的货币过度发行，就不会导致通胀。特别是在经济走出危机，呈现稳定增长态势以后，被动或主动的货币供应量过度增长仍然存在，它们依然可能成为推动通胀的直接因素。

中国的通胀问题不是非白即黑那么简单。全面地分析国内通胀原因，准确地说，货币是通胀的基础，但是通胀的原因除了货币因素之外，还有很多非货币因素。因此，控制通胀就不能仅仅依靠货币政策，而需要一个政策组合。这就是为什么在国务院主持召开的“两会”记者招待会上，相关领导在强调通胀控制是第一要务的同时，又提出了涵盖五个方面的“一揽子”组合政策，包括：制定相关货币政策控制流动性、控制通胀货币基础；由“国十条”保证粮食生产和供给，降低粮食减产、粮价可能会上涨的预期；流通环节过多，效率低下，进行市场分割和整合；用经济和法律的方式管理市场，防止过度投机炒作，建立正常秩序；对低收入群体的补偿与通胀水平挂钩，增强社会平均承受通胀的能力，把由复杂的多方面因素推动导致的通货膨胀控制在可承受的水平之内。

对于上述观点中关于美国货币发行过多但并没有造成美国通胀的说法更要谨慎。首先，再多的货币发行都绝对不会在经济衰退时期导致通胀，因为，经济衰退时期的货币需求量很低，严重衰退时甚至会出现零利率也没有信贷需求的“流动性陷阱”。在这个时期，货币供应量增加再多，没有强劲的货币需求增长，不可能出现在货币均衡水平上推动的总需求增长，以及由此推动的通胀水平上升。只有在扩张的财政政策拉动了总需求上升，带动了货币需求增长，货币供应量增长与货币需求增长平衡时，才能推动经济的增长。在经济恢复增长并达到均衡增长水平以后，若继续推动货币发行过快增长，就会直接引发通胀。所以，有实证研究显示，相对通胀上升，货币过度发行通常滞后 2~3 年。因为货币大量发行一般发生在经济衰退的年份，而经济恢复增长一般需要 2~3 年的时间，这应该是美国大规模发行货币至今而其国内通胀水平不高的原因之一。中国的问题，也是同样的道理。

事实上，美国的货币发行没有进入实体经济而是停留在银行体系对通胀而言甚至更加危险，因为停留在银行体系的资金将推高资产价格。我们看到，目前，实体经济增长疲软，远没有恢复到危机前的水平，但是资本市场已经超过危机前的水平。国际市场上的大宗商品价格，包括石油、粮食、黄金和其他原材料的市场价格纷纷达到和超过历史价格水平或者正在向历史最高水平迅速靠近。大宗商品价格的大幅上涨已经对全球包括美国特别是新兴市场国家和地区的通胀产生巨大压力，印度、泰国、韩国、菲律宾等亚洲国家已经为此加息，以应对高通胀。我们担心，如果这些国家和地区的通胀是像上面观点所表述的那样，不是通过实体经济和总需求的增长推动，而是由单一或者主要是由输入性成本拉动，那么，加息的货币政策将并不能有效控制这一轮通胀上涨，全球将面临新一轮的危机。

通胀管理一大关键——引导游资进入实体经济

我国政府高度重视对通胀形势的调控，相继采取了流动性管理、资本流入控制、保证粮食生产和供给、食品价格跟踪、房地产调控、对流通领域的炒作行为进行管制等一系列措施，形成全方位“围堵”通胀的政策集合，以维护市场秩序。所有这些政策措施的制定和实施，是基于对国际国内形势和通胀因素的准确分析，针对性非常强。但是，还有一个重要的通胀因素应该给予特别关注，那就是高达近万亿的民间资金。

规模如此庞大的民间资金来源多样，有三十年改革开放过程中中小企业发展的资本积累，有几年前小煤矿改造过程中获得的补偿资金，还有过去几年民间机构或人士借助银行资金投资房地产获得的杠杆收益。

资本永远有强烈的逐利性。因为中国经济的快速发展，民间资本在相对较短的时间内完成了巨额积累，资本的快速增加使得其继续快速增值的愿望更加强烈。如果不能把规模已经非常巨大的民间资本引导到实体经济去，逐利性更强的民间资本就会变成与赚快钱没有区别的“热钱”。

“热钱”是民间对来自境外的投机性很强的资本的“俗称”，是一种非贸易非直接投资的资金。换句话说，热钱不是进入实体经济的资本，而是专门关注一些短期的、收益回报快的机会的资本。所以，在大规模“热钱”流入的时候，新兴市场国家一般都会出现组成价格泡沫，同时大宗商品价格大幅度上升，形成通胀的巨大压力。通常，“热钱”流入与“通胀”是形影不离的。

国内的民间资本如果不能流向实体经济，也会扮演“热钱”的角色。2005~2006年，我国房价上涨很快，许多民间资本放弃对实体经济的投资，转而进入房地产市场。2009 年年初，浙江省相关方面曾经透漏，如果不拯救房地产，浙江很多企业都会破产，因为很多企业都已把主要资金投入了房地产市场。当民间资本挟银行资金大规模进入房地产，房地产价格大幅上涨。2009 年，浙江省的财政收入增长超过 80%，其中超过 66% 是来自房地产市场。民间资本的“热钱”角色推高了组成价格，而由“热钱”角色带来的快速收益也进一步扩大。

考察近期以来我国粮食食品价格的上涨，特别是绿豆、大蒜，包括一些粮食期货价格的大幅上涨，并不是由供求短缺造成，而是与投机行为直接相关。非供求关系导致的价格上涨与巨大规模的民间资金的推动有关，民间资金由此再次变身“热钱”，成为通胀的推手之一。

如果国内的民间资本不能被实体经济吸纳，强烈的逐利冲动会使万亿民间资本的性质与“境外流入的热钱”等同，而且规模与影响都更大。不过，对于流入的热钱，政府还会制定相关资本管制条例进行限制，不可能任其随心所欲扰乱国内市场。而“民间热钱”的脱媒行为，货币政策可能无能为力，监管部门也未必能监管到位。

特别值得担心的是，在当前房地产市场调控紧锣密鼓的时候，如果“民间热钱”没有银行资金相伴，可能会暂时回避房地产市场。那么其他市场，僻如大宗商品市场和农产品期货市场，可能会成为其最重要的目标。特别是由于北方的严重干旱，小麦“可能”减产。根据经验，民众对于供求“可能”短缺的恐慌已经成为粮食价格必然上涨的依据。从而，“民间热钱”完全有可能复制国际“热钱”在国际市场上过度渲染澳洲水灾，对全球粮食供给造成影响，从而推动粮价上涨的策略。在被过度渲染的北方“干旱”故事的引导下，大量“热钱”进军大宗商品市场和粮食期货市场，这对今后的通胀控制是非常不利的。

自然灾害是一种经常发生的事情，并不是偶发事件，一些主要国家对此都会有应对储备，本不会带来粮食价格的大幅上涨。但是因为大规模“热钱”的存在，价格投机的需求导致自然灾害的影响被过度强调，制造了“热钱”投机的机会，结果是大规模的资金跟进真的推高了价格，造成全球粮价的大幅上涨和通胀的大幅上升。因为粮食消费在一些发展中国家的居民消费中占有非常大的比重，粮食价格的大幅上涨甚至引发了这些国家的社会动乱。对于“热钱”在大宗商品市场上的投机行为是不能掉以轻心的，而由“民间热钱”在国内市场上的投机造成的价格水平波动以及社会影响也是不可忽视的。

针对已经形成巨大规模的民间资本，除了禁止炒作、打击投机倒把等维护市场秩序的常规管理措施以外，更要采取“疏导”性的政策，比如开放一些垄断性的领域，引导民间资本参与垄断行业的竞争。这有利于推动国有企业的改革进程，更重要的是可以让民间资本回归实体经济，而不是成为扰乱经济秩序的“热钱”，从而从根本上实现资源的优化配置，使民间资本成为经济持续增长的推动力。

中篇

洗牌之中，打造经济“升级版”

- 改革的视野：转型、创新与全球化
- 经济升级，需要改革新思维
- 金融市场改革，资源配置谁主沉浮？

第四章

改革的视野：转型、创新与全球化

2008年的美国金融危机、2010年的欧债危机，以及新的国际格局形成之后，国际社会的相关改革亟须推进，如国际货币体系的改革便已经被提上日程。

而将由"金砖银行"开启的新一轮全球化，其新的特征与带来的新的发展机遇，将推动中国重新部署开放战略的重点，寻找新的战略机遇和经济增长点，在大力发展新兴产业的同时，推动其发展方式创新转型。

创新是中国经济未来持续发展增长的动力，需要大量的资金与推动者支持。因此必须有一批中国本土的天使投资人及创新企业崛起，带领中国创业创新型企业发展与突破。

中国的改革已经到了转型期、深化期，需要具备从国际到国内、从宏观到微观的综合开阔的改革视野，只有这样才能使中国经济平稳过渡，实现持续健康有序的发展。

国际货币体系的改革诉求

2008年的美国金融危机以及2010年的欧债危机发生以来，国际社会关于推动国际货币体系改革的议题持续升温。危机引发了全世界对美元本位的国际货币体系的思考，国际货币体系的改革几乎成为每次20国集团峰会的议题，这种情况将一直持续到国际货币体系的最优改革路径被确定。

回顾历史，当下美元本位的国际货币体系，其形成并不是水到渠成。实际上，是美国单方宣布终止35美元兑一盎司黄金的承诺以及布雷顿森林体系的解体，使得全球被迫接受了以主权货币为“锚”的美元本位的国际货币体系。国际货币体系的突变，在当时立即引发了全球汇率利率的剧烈震荡，而主权货币充任国际储备货币，更是在近年频繁引发IT泡沫，造成全球性的金融危机和经济衰退。这种美元本位货币体系的缺陷和弊端，印证了70年前美国财长约翰 · 康纳利的著名语录，“美元是我们的货币，但却是你们的问题”。美元本位的确立放出了货币发行这只猛虎，印钞票就能控制世界经济。但是，我们相信，不论世界如何陷于美元本位带来的困扰，美国都绝不会自动“解体”美元本位的国际货币体系。全世界要走出“被危机”的窘境，必须推动国际货币体系的改革，建立非主权货币为国际货币的新的国际货币体系。

国际货币基金组织的SDR（特别提款权）是一个最接近非主权储备国际货币

体系的准国际货币体系安排。据记载，在 20 世纪 40 年代末的“布雷顿森林会议”上，把SDR作为国际储备货币的提议曾经被新古典大师凯恩斯先生提出过，因为当时美国财长的反对，以及当时货币理论的局限，这个提议不了了之。也就是说，SDR作为国际储备货币的命运不济除了是遭遇美国核心利益集团的强烈反对以外，在传统的货币理论和货币功能认知下，SDR本身也有无法逾越的障碍。

传统货币理论是基于主权货币的研究。关于货币的职能定位，除了定价、支付、储存和投机的功能以外，大萧条时期的危机拯救和市场失灵时期的研究还赋予了主权货币通过宽松货币或者收紧货币来调节经济的政策功能。美元本位的“钞票”形态为“货币政策”提供了可能。

SDR作为储备货币最需要跨越的一个障碍是，SDR的制度安排无法实施传统意义上的货币职能，特别是货币政策的职能。SDR的发行受份额制安排约束，SDR是按照份额分配的，份额随着各国经济实力的变化在各国之间调整，一个国家的份额增加意味着另一个国家的份额减少。不过，各个国家的经济实力不会在短期内发生根本变化，因此各国的份额也不会频繁调整。2010 年发生的包括中国在内的新兴市场国家份额增加是以欧盟份额减少为基础的一种转换，而且是国际货币基金组织成立近 70 年来的第一次调整，是超过半个世纪才发生的变化。

对于这种份额比例的转换，SDR代表的支付总量不会发生变化。若支付总量增加，就必须每个份额代表的支付能力都增加。

如果按照这种份额安排，SDR份额不能随意改变，支付能力不能随意增加，则SDR便不可能承担传统货币的一般职能，更不可能通过传统货币工具，实施比如调整利率、公开市场操作、窗口贴现利率等货币政策，SDR作为货币单位也就很难具备传统货币理论赋予的以增加或减少货币发行来调节经济的政策职能。SDR作为国际货币的想象好像就此应该画上休止符。

但是要特别注意的是，传统货币理论讨论的是主权货币职能，而货币政策则是调整各国国内宏观经济的货币职能。美国单方面解体布雷顿森林体系，让美元脱离黄金约束承担国际储备的职能，这并未对国际货币理论有任何突破，而只是使美元沿着传统货币理论延伸了主权货币职能，包括本来只应该在其本国实施的货币政策。

国际货币体系的改革需要突破由主权货币充当“国际货币”所延伸的传统货币理论，因为基于主权货币的传统货币理论不适合当前非主权货币的新国际货币体系。国际货币体系要改革建立非主权货币的国际货币体系需要有新的理论体系和全新的定位。只有在理论上或者说基本认识上突破以主权货币为核心的货币理论和货币职能定位，才能真正开拓非主权货币的国际货币体系的改革空间，使改革遵循正确的方向。

非主权货币国际货币的新定位，最重要的是使非主权货币国际货币的职能定位不需要货币政策的安排。主权货币作为国际货币最不应该被延伸的职能就是货币政策职能，或者说美元本位最大的不合理和美元本位货币体系的最大弊端，就是其为调整美国本国经济制定的主权货币政策，给全球经济带来了巨大的负外部效应。美国本国的经济危机、金融风险，被通过美元国际货币的地位传递到全世界，引发了全球性的经济危机和金融危机。

美元本位确立后的三十年国际经济实践证明，没有任何主权货币的货币政策能够平衡各国具有如此大差异的经济。这次的欧债危机再次证明，欧元区各国经济发展的差异性，使得欧洲央行无法实施一体化的货币政策来兼顾各国不同的经济问题，更无法通过一种各国都能接受的货币政策安排，来解救陷入不同程度债务危机的国家。最根本的问题是，全球不同国家间的经济发展存在巨大的差异，各国面对的问题各不相同，世界上根本不存在所谓的一体化的国际货币政策——能够既以一些国家的通胀恶化为针对，又以另外一些国家的经济衰退为目标。换句话说，就是不存在一个既宽松又紧缩的货币政策。所以，真正的国际货币是没有货币政策职能的。美元本位的主权货币国际货币体系延伸到主权货币的职能，只能把世界经济搞得更乱。

新的非主权货币的国际货币体系理论体系中，最重要的“新”内容就是不再赋予国际货币所谓的货币政策职能。如果没有货币政策职能，不需要通过货币发行来调节全球经济，SDR 不能随意增加额度、不能随意增加支付能力的先天不足问题，就迎刃而解了。而SDR 作为非主权货币的国际储备货币的最大障碍也就被跨越了。

实际上，各新兴市场国家已经意识到美元本位的国际货币体系对世界经济的伤害。2010 年 10~11 月的全球干预汇率行动，即巴西、韩国、新加坡、泰国、印尼等国家的货币不能承受美元的大幅波动，决定不再跟随美元的变化来自动形成货币的汇率，而各自设定了干预区间，即当美元波动导致各国货币汇率超过各自设定的干预区间时，各国政府就出手干预。这个“干预区间”脱离了与美元挂钩的汇率形成机制，成为事实上的“锚”，各国汇率就被“自己”稳定在“锚区间”中了。全球干预汇率的行动实际上是一个“脱锚”行动，在某种程度上“晃动”了美元本位。全球美元本位的“缺陷”对各国的负面影响越来越大，各国货币不约而同地开始寻求保护性自我稳定的行动。所以，改革国际货币体系，脱离主权储备货币“被危机”的风险，也符合世界各国的利益。SDR的高稳定性的研究结果，使SDR有可能被国际社会接受为汇率的“锚”。也就是说，推动各国货币与SDR挂钩，用SDR替代美元“锚”的功能，作为各国汇率的形成基础，是具备被全球认可和接受的基础的。

当SDR行使国际货币的定价和支付功能后，各国本币仍然可以在其国内实施传统意义上的货币政策职能，但跨出国界后，其影响就小了很多。就像中国也发行了很多货币，但并未对全球经济产生负面影响一样。

如果采用新的理论和定位，国际货币基金组织的新主权货币进入SDR的条件也就没有必要像现在这样苛刻。比如，人民币加入SDR被要求满足两大条件，其中一个条件是要求人民币在全球有足够的流动性，实际上是要求人民币完全可兑换。但是，如果SDR不需要大规模发行，那么，所有的成分货币也就不需要过多的全球流动性了。人民币在全球的流动性规模，按照SDR的比重，只要能够满足国际贸易和服务的支付需求就足够了。从而，人民币进入SDR就只需要部分可兑换，也就避免了作为SDR成分货币所面临的完全可兑换的巨大风险。

国际货币体系的改革需要有新的货币理论支持，新的体系必须有新的理论。新瓶装新酒，才能带来真正意义上的改变。当然，这个过程也许会很漫长，于是，各国也在尝试着其他形式的探索。例如“金砖五国”正在筹备的“金砖银行”，就是一种顺应全球化趋势、摆脱美元本位的货币体系、避免未来新的金融危机的有益尝试。

“金砖银行”将开启新一轮全球化

过去三十多年中国改革开放和发展的政策，与顺应全球化趋势融入全球经济的理念分不开。如果未来全球化仍是趋势，中国的发展将依然与全球经济的发展相连，中国无疑应该继续坚持开放的政策。上一轮的全球化是以贸易自由化和制造业的全球转移为特征，中国的开放政策顺应了这一全球化特征：一方面开放国门，允许大规模直接投资资本流入而成为全球制造业中心；另一方面同时接受全球订单，推动加工出口贸易空前发展。那么，未来全球化的特征是什么？新时期全球化的战略机遇在什么地方？中国开放战略的重点应如何部署？这些都是必须深入讨论和明确回答的问题。

未来全球化的特征和新的战略机遇

未来的全球化会是什么形态？还会延续美国大规模贸易逆差，欧洲高福利膨胀的市场，发展中国家依靠低价劳工发展出口贸易来换取美元，再通过购买美国国债的方式将其借给美国人，而美国继续进口由发展中国家的廉价劳动力生产的商品这样的循环？回答是否定的。深刻反思2008年的次贷危机，向全球借钱增加消费、财政贸易严重失衡的美国式的增长方式已经不能再持续了；而2010年爆发的欧债危机，使得欧洲由发行债券增加福利带来的高消费市场模式也走到了尽头。发达国家频频祭出贸易保护主义大旗，让以贸易自由化为特征的上一轮全球化画上了句号。

跨太平洋伙伴关系协议（TPP）能推动新一轮全球化吗？TPP原本是由新西兰、新加坡、智利和文莱四国发起的跨太平洋战略经济伙伴关系协定（TPSEP），2008年2月，美国宣布加入。2009年11月，美国正式提出扩大跨太平洋伙伴关系计划，开始推行自己的贸易议题，从而开始全方位主导TPP谈判。国际舆论普遍认为，美国加入并主导TPP，其一是企图通过TPP全面介入亚太区域经济整合进程，阻止亚洲形成统一的贸易集团，维护美国在亚太地区的战略利益，确保其地缘政治、经济和安全利益；其二是为了重塑并主导亚太区域经济整合进程，稀释中、日等国的区域影响力。从全球的角度看，美国主导TPP也是针对资源大国俄罗斯和最可能全面抢占欧洲由危机创伤而促生的经济空间和高端制造业的大国德国。TPP醉翁之意不在酒，其中注入了太多的政治元素，比如，日本的加入明显不是冲着贸易自由化而去。TPP并非像其本意那样旨在建立更大范围的自由贸易区，其规则不是建立在公平合理多赢的基础上，因而不可能进一步推动贸易自由化，反而可能恶化自由贸易的环境；所以TPP不可能推动下一轮全球化。

金融自由化是未来全球化的特征吗？金融自由化的最大特征应是金融资本的自由化，即金融资本的全球流动。上一轮全球化就以直接投资资本的全球自由流动为特征。确实，像国际贸易理论证明的那样，直接投资资本的全球自由流动，使得各流入国和流出国的福利水平都得到提升；但直接投资资本与金融资本的属性完全不同。没有金融学理论或经济学理论证明，金融资本的全球流动能像直接投资资本那样带来流入国和流进国双边福利的改善和提升。事实上，在实践中，金融资本大规模流入给新兴市场国家带来了货币升值、价格泡沫和通胀的巨大压力，而金融资本大规模流出又会造成新兴市场国家的经济危机。20世纪80年代拉丁美洲的危机，

1997 年的亚洲金融危机，都反复印证了金融资本自由流动的破坏性。

当下，从美国开始的全球金融危机与欧债危机的阴影还未消散，饱受伤害的各国都还心有余悸。金融的发展对经济的发展有重要作用，但只能是中介作用，而不能是金融业作为一个行业的自我膨胀。特别是在全球货币发行过量、流动性泛滥的大环境中，金融资本的自由流动加剧了投机性金融活动，使粮食、大宗商品，特别是石油、天然气等能源在市场上变商品属性为金融属性。巨大的流动性使投机活动成为定价的推动力，破坏了商品市场中供求关系决定商品价格的市场机制，破坏了商品市场的秩序，给全球经济贸易带来巨大的不确定性和经济危机常态化的风险。由此，国际货币基金组织不得不把各成员国对金融资本流进流出的控制作为一项基本规则。所以，金融自由化和金融资本的全球自由流动，不可能是新一轮全球化的推动力。

百年不遇的危机改变了全球的经济格局。那么，未来，全球化还是趋势吗？回答是肯定的。毋庸置疑，上一轮全球化推动了全球贸易和贸易项下的直接投资资本自由流动，从而带来全球经济的发展。但必须看到，全球经济也出现了严重失衡，甚至爆发了百年不遇的金融和经济危机。如何推动下一轮全球化，创造世界经济新一轮的发展机遇？新时期全球化如何解决过去全球化的问题，推动全球经济进一步发展？挑战和机遇何在？这是摆在全世界面前的问题。

“金砖银行”将开启新一轮全球化

2013 年 3 月习近平主席访问非洲期间，在南非德班举行的第五次金砖国家领导人峰会上，与金砖国家领导人商讨组建金砖国家开发银行。峰会中，“金砖银行”具体组建事宜及其货币互换机制和外汇储备库均成为此次德班会晤的重要议题。

如果真能由金砖国家发起成立一家银行，将对当前推动新时期的全球化有非常重要的积极意义。如果“金砖银行”采用非美元的货币运作，对国际货币体系改革也将有非常积极的推动作用，而人民币国际化也将就此跨出历史性的一步，对世界经济和金融都产生深远影响。

实际上，成立金砖国家开发银行的动议，是在2012年3月印度首都新德里举行的第四次金砖国家领导人峰会上提出的，到2013年3月时已经酝酿了一年。拟议中的“金砖银行”是由新兴市场国家发起的一个跨国机构。过去，不论是世界银行、国际货币基金组织这样的国际组织，还是像亚洲开发银行、非洲开发银行、欧洲开发银行等这样的区域性组织，都是由美国、加拿大、澳大利亚加上西欧等发达国家发起和主导的。

而这次由“金砖五国”组建“金砖银行”，并在南非峰会上将组建的构想具体化，实际上是提出了下一轮全球化的发展方向和路径：由发展中的大国组成的“金砖五国”集团，推动五国及其所在的亚洲、非洲、欧洲、拉丁美洲的所有发展中国家的发展，是新时期新经济格局下新一轮全球化的特征。

“金砖五国”的各成员国作为发展中的大国，其基础设施建设需求带来直接投资的潜在空间巨大。超过世界人口42%的消费市场具备成倍增长的空间，足以抵消发达国家市场萎缩造成全球贸易增长下降的不足。“金砖银行”将有力地促进发起五国的经济互动和优势互补。它的发展理念决定了它将顺势推动所有发展中国家的发展。由“金砖银行”主导的新一轮全球化，将为在上一轮全球化中未得到充分发展的国家和地区创造新的机遇。

“金砖银行”由“金砖五国”发起，是全球第一家由非发达国家发起的国际性金融机构。可以说，这是美国和欧元区相继爆发危机后世界格局变化的一个必然，就像20世纪40年代“二战”以后，百废待兴的全球经济，催生了在“二战”中崛起的能够启动马歇尔计划拯救欧洲的以美国为主的世界银行和国际货币基金组织等国际组织，并确立了相应的以强势货币美元取代英镑的国际货币体系，来恢复世界和国际市场的秩序。这是由当时的世界经济和政治格局决定的。

2008 年以来美国和欧元区相继爆发的金融和债务危机，在重创本国经济的同时，也对世界各国的经济造成了极大影响。虽然不能说发达国家从此一蹶不振，但是在相当长一段时间内，世界经济需要新的动力。而新兴市场国家依靠自身的努力率先走出危机，使其对世界经济增长的贡献越来越大。根据报道，危机以来，“金砖五国”对全球经济增长的贡献率超过 50%以上，“金砖五国”的经济总量已经约占到世界经济的四分之一。如果“金砖五国”的经济能够继续发展，占全球人口总数 42%的巨大人口基数将提供巨大的潜在消费市场，从而未来其经济规模有望继续扩展。再加上五国之外的新兴市场国家，新兴市场经济体和发达经济体平分天下的新格局应该不是梦想。在这样的政治经济态势下，“金砖银行”的诞生应该是顺应了世界经济发展的趋势，或者说是世界经济的新格局催生了“金砖银行”。

“金砖银行”作为一个发展中国家的组织，将对发展中国家的发展起到世界银行和其他区域性发展组织起不到的作用。我们认为，“金砖银行”不应该是一个纯粹商业性质的机构，它的机构性质应该是与世界银行和其他区域性机构一样，以推动全球特别是落后国家和地区的发展为主要任务。每个国际性组织都有其定位和目标，而为了实现目标，各组织都制定有相应的规则。与世界银行和其他区域性组织的相对笼统、全球和区域一致的“一刀切”规则不同，“金砖银行”的规则可能更有针对性和灵活性。特别是“金砖国家”同属发展中国家，都正在经历相似的发展过程，因而更能理解发展中国家在发展中会遇到的问题和困难。“金砖银行”的规则以及相应的支持和帮助便将更务实、更到位、更有效率。相信“金砖银行”一定会改进过去国际组织僵化且往往附加很多不合理条件的支持思路，用更符合发展中国家的思路和方式去扶持和帮助发展中国家的发展，同时也推进相互之间的合作发展。

“金砖银行”将使新兴市场国家在国际规则的制定中获得更大的话语权，在国际事务中发挥更大的作用。

另外，成立“金砖银行”时如果对货币选择得当，将大大推进国际货币体系的改革进程。作为国际性的银行运转，货币是重要的媒介。“金砖银行”选择什么性质的货币作为其各种信贷和援助活动的媒介，将对国际货币体系产生重大影响。其他国际和区域组织都是使用美元作为媒介行使其各项职能，包括援助贷款、项目投资、咨询费用、职员工资、日常运行支出等。国际货币基金组织是使用特别提款权“SDR”作为基本计算单位，但其实际使用范围很小，主要还是使用美元。这无疑强化了美元作为全球储备货币的地位。

如果“金砖银行”不选美元，而选择其他货币，比如人民币作为主要媒介行使其职能，无疑是对现在美元“一币独大”的国际货币体系的一个重大改变，也无疑会对人民币的国际化进程有巨大的跨越式的推进。非常希望“金砖银行”能够做出以人民币为媒介的选择。

“金砖银行”也可以按照比例选择类似SDR的“一揽子”货币作为运行的媒介。不过，“一揽子”货币的比重可能要加入包括人民币在内的“金砖五国”的货币，或者做一些必要的调整。笔者在确认“SDR”作为国际储备货币的时候做过详细的计算，知道这样的组合媒介是完全具备可操作性的。特别是在现在的大数据分析框架下，适时完成组合媒介的报价和支付没有技术上的障碍。

不管“金砖银行”做出哪种选择，都将打破现有的国际利益格局，当然也都会遭遇抵制，美国的反对也是必然的，困难必须充分估计。考虑在“一揽子”货币中加入美元，也将是一种双赢的妥协。

“金砖五国”发起成立“金砖银行”，并不意味着其他国家和地区不能成为发起者。原则上，各发达国家都可以积极支持和参与“金砖银行”的活动，谋求共同发展。但是，对于“金砖银行”的章程和基本规则的认同是其加盟的基础。

“金砖银行”从概念到组建，再到运行，还有一段路程要走，有一系列譬如资金来源、理想借款人(是主权国家还是同时包括私营部门)、项目类型、地理范围、银行总部选址等实际问题需要解决，这个过程相信会很曲折艰难，也可能还有很大变数。这很正常，因为任何打破既有利益格局的活动都会遭遇抵制需要博弈。衷心希望“金砖五国”能够排除干扰，找到各方利益的交集点，为实现共同利益的最大化，尽快推进“金砖银行”的诞生。

“金砖银行”的发展思路明确阐述了新时期全球化的挑战和机遇，历史性地开拓了下一轮“全球化”的方向和推动力。如果“金砖银行”的发展思路得到贯彻，短期内将有利于避开全球化“双刃剑”的负面效应，释放全球化更多的正能量，最终有利于发达国家走出危机，在中长期，则有利于世界经济的发展更趋平衡。

筹组“金砖银行”最缺什么？

自“金砖银行”开始筹组以来，就陆续听到一些质疑和担心的声音。有评论认为，由新兴国家主导的发展银行将缺乏足够的人才，这种担心是不必要的。中国在20 世纪 80 年代初分别加入了世界银行和亚洲开发银行，三十多年来，这些机构在全球招聘的中国职员、中国派驻各机构的执行董事及工作人员、与这些机构进行项目合作和开发的中国人员数以万计。这些人熟悉国际发展机构的体制，了解各机构的运作规则，参与和领导了各国际发展机构覆盖发展中国家和地区的从基础设施、参与式扶贫、环境保护、义务教育、农村金融、中小企业发展到国家发展政策制定、危机救助等所有领域的不同项目，积累了全方位的丰富的经验。相比来自发达国家的职员，他们对发展中国家的问题和困难有更深入的了解和认识。其他金砖国家在各发展机构中也有不少的国际职员，特别是印度职员的数量在各国际经济机构中居新兴市场国家之首。“金砖银行”还可以像其他国际机构那样在全球招聘国际职员。如上面所言，“金砖银行”有强大的多方面的人才储备，根本不用担心人才问题。

至于担心“金砖银行”可能因为未来发展中国家借贷不还而无法持续运营，这是不了解“金砖银行”的基本规则章程。“金砖银行”不是商业银行，其“股东”是各国政府，他们一定会按照自己制定的规则维护自身的利益。“金砖银行”的信贷业务主要是政府实施公共事业和其他政府职能所覆盖的项目资金，其规定所有的信贷都由政府担保，因此，除非相关国家破产，借贷不可能不还。而如果这种情况真的发生，最后的解决方案可能是国际社会包括“金砖银行”在内，采取救助和延长债务以及其他相关的方式进行债务重组。待相关国家危机过后，国际社会的救助资金特别是“金砖银行”的各项贷款会被一一偿还。在这样的制度安排下，国际各类发展机构已安全运行了几十年。中国改革开放以来，已经连本带利偿付了数百亿美元的世界银行和亚洲开发银行的贷款。

还有人怀疑新兴市场国家主导的“金砖银行”将缺少管理和运行经验。对于这个问题，在发展过程中，新兴市场国家最了解自身的问题和困难。中国三十年的改革开放融入了全球化的经验，其年均9%的经济增长带来的变化，对所有的发展中国家都有不同程度的借鉴意义；俄罗斯不平坦的改革历程对所有的资源大国应该也有非常宝贵的可借鉴经验；巴西几十年走出中等收入陷阱的努力，对南美洲国家的进一步发展无疑最有说服力；印度正在探索的发展路径对南亚有重要启示；南非具有非洲特点的经济发展思路，以及新兴市场国家之间的双边和多边合作——以上种种这些发达国家不可能具备的经验，对于有意愿在下一轮全球化中推动经济发展的亚洲、欧洲、非洲和南美洲的国家和地区来说无疑具有近似于现身说法的示范效果。这正是“金砖银行”与其他发展机构相比更有优势、更具特点，可能对全球的发展更有贡献的地方。

所以，筹备组建“金砖银行”最重要的，不是上述这些问题，而是“金砖五国”要在筹备期内达成对新一轮全球化的发展共识。

“金砖五国”需要的既不是已被金融危机否定了的“华盛顿共识”，也不是西方人提出的“北京共识”。金砖国家需要的“发展共识”第一个内涵是，如何以各自的比较优势为基础，推动贸易自由化和直接投资资本的自由流动，使下一轮全球化继续带来已经被国际贸易理论证明的，也被实践不断证明的自由贸易各国和直接投资资本流入国和流出国共同的福利提升。新兴市场国家主导的新一轮全球化的目标，应该是促使那些人均收入超过 1 万美元的新兴市场国家迈入发达国家的行列，使一些国家走出中等收入陷阱，同时使一些国家的经济得到改善。

“发展共识”的第二个内涵是，新兴市场国家需要联合起来参与全球治理，在国际社会中保护共同的利益，推动世界进步。随着全球化的深入，新兴市场国家参与全球治理的必要性越来越大，特别是类似于世界和平、气候变暖、减少贫困、国际货币体系改革、全球经济平衡发展、新经济格局下“游戏”规则的制定、双边和多边合作机制等问题，离开了新兴市场国家，几乎不可能得到任何实际意义上的解决。

“发展共识”的第三个内涵是，新兴市场国家的国情不同，发展阶段也不完全相同，各自的问题和困难也有很大差异，对许多国际问题也有不同看法，在复杂的国际关系中也有不同立场，彼此之间也存在一些矛盾，但新兴市场国家有一个最大的共同之处，即“发展仍然是各国的硬道理”。新兴市场国家要有大智慧，尽可能地找到利益最大的交集，对一些分歧求同存异，集结在“金砖银行”的“发展共识”下共同发展。

新兴产业的发展方式也需要转型

按常理推测，清洁能源的使用既可以缓解电荒，也符合节能环保的战略发展方向，却为什么会出现火电不够、清洁能源过剩这样令人困惑的现象？为什么新兴产业的发展规划还没有下达、全面发展还没有开始就出现产能过剩的问题？

这背后的故事，折射出新能源或者更广泛意义上新兴产业的发展方式问题。新兴产业的发展，在没有突破关键的技术障碍以及打开消费市场之前，就盲目地扩大生产，这违反了新兴产业的发展规律，从而导致还未开始发展就出现产能过剩。在风能和太阳能领域，这个问题表现得特别典型。

风能发电和太阳能发电某种意义上都是“看天吃饭”的行业，因而发电能力非常不稳定，如果这个时候上网会带来电网的不稳定。所以必须首先进行智能电网的研究和开发，解决风能和太阳能发电上网储存的技术障碍，才能使真正由大自然提供的清洁能源具备可行性。当前，在设备环节上的投入实际上是扩大生产规模的投入，但是，如果没有解决上面所说的基本技术问题，就不可能有消费和使用市场的扩张，单纯扩张生产规模的结果当然是产能过剩。这就造成一方面是严重的“电荒”，另一方面是严重的风能和太阳能产能过剩这种尴尬的局面。值得注意的是，清洁能源往往是消费清洁，其生产过程却是污染。如果不打开消费市场就扩大生产，不但不会节能减排，还可能适得其反。

产业的发展有自身的规律，不论是传统产业还是新兴产业。产业发展最基本的发展过程应该是：研发—打开市场—规模生产。

产业发展的第一步是在新产业的发展定位明确后通过新产品的开发来实现。新产品的开发首先要大规模投入到产品技术方面的研究和开发。比如，如果没有多点触控式技术和苹果自主开发操作系统的巨大基础技术支持，就不可能有苹果的多项创新产品，如掌上电脑、iPod、iPhone和平板电脑。苹果每个单项产品的开发都有较长时间的研发投入。在已经具备基本技术的情况下，平板电脑的研究开发过程仍然超过两年。

笔者多年前的一个教学案例记载了一种抗艾滋病药物ATZ的研发投入——历时数年，耗资25亿美元。

在清洁能源汽车的发展方面，据报道，2010年美国通过了一项投资达20亿美元的议案，2011年还有一项议案投资超过百亿美元。前者致力于实现新动力和传统机械动力的相互转换；后者致力于解决电池能量续航里程较短问题，以缩短充电时间与传统燃油车加油时间上的较大差距，以及加强充电站的基础设施建设，补充其不足等。

网上有一张照片，是德国新经济部长勒斯勒尔在柏林试驾一辆电动车。同一时间，德国总理默克尔宣布，为了让德国在未来电动汽车市场能占据领导地位，政府将在未来几年通过加倍投入研发资金、实行税务优惠和为使用电动汽车者提供“特权”便利三管齐下的措施，助推德国电动汽车发展计划。

由上面几个例子可见，发达国家深知产业发展真谛，遵循新兴产业的发展规律，政府投资成为研发资金的主力。那个关于抗艾滋病药物的案例，其25亿美元巨额研发资金中，有18亿美元来自政府，另外的7亿美元来自政府公开招标，哪个机构愿意配套剩下的7亿美元资金，将来的药物专利就属于谁。我们完全可以借鉴这个思路，来推动新兴产业的技术研发。

产业发展的第二步是要推动使用和市场消费。当技术障碍扫除后，新产品应该交由使用者试用，新兴产业的发展进入到扩大消费市场的阶段。新产品试用阶段一般成本比较高，老百姓可能买不起，政府需要制定补贴试点阶段消费者的政策。当新兴产业的新产品被市场认可，需求增加，消费市场就会不断扩大，企业继而扩大生产形成规模效应，成本便会降下来，价格也会下降，政府的补贴政策就完成历史使命而功成身退。

产业发展的第三步才是扩大生产。只有在消费市场已经存在的情况下，加大生产层面的投入，扩大生产规模，实现边际收入大于边际成本的利润最大化，产业才会进入真正的成长阶段。

近年来，国务院先后推出太阳能光热发电以及清洁能源汽车发展规划，其他新兴产业的发展规划也陆续出台。这些规划能否引导新兴产业的发展遵循“先研发，后市场，再生产”的产业发展规律至关重要。希望政府产业发展资金大力度做好投资研发和试点阶段的消费补贴，避免遭遇类似风电和太阳能产业刚起步就过剩的尴尬局面，只有这样，新能源产业才能得到真正发展，才能告别粗放式以及依靠资本投资扩大生产规模的经济发展方式，实现节能减排、消费推动的发展方式上的根本转变。从这个意义上说，新兴产业带来的发展方式上的转变，是经济发展方式转变的重要组成部分。

如果新兴产业的发展方式转型得以实现，对于大规模的民间资金和大量的投资者来说，投资新兴产业就不再是一个概念上的投机，而是一个实实在在可以从中获利的理性投资行为。

新兴产业，特别是清洁能源汽车行业，全球基本都处在同样的起跑线上。如果我们走太多的弯路，就可能将来再次被剔出发展新能源汽车的世界行列。

中国创新需要天使资金

有报道称，阿里巴巴拟联手银泰、复星、富春、四通一达、顺丰几大机构筹建物流网，第一期投资额1000亿，马云拟任董事长，参与者须5~8年不计回报。这个报道透露出两个信息：一是马云要从阿里巴巴功成身退了；二是马云要做“类”天使基金了。

马云将成为新投资基金的董事长而不再做阿里巴巴的董事长，其退出原因据说是来自互联网年青一代的巨大挑战，特别是在走进移动互联网时代的过程中，年青一代由互联网升级换代而来的巨大想象力几乎是日新月异。推敲马云的转身，与当年比尔 · 盖茨离任微软董事局主席、柳传志辞去联想董事长职位，应该是相似的背景。信息技术和互联网领域创业元老们职业生涯的规律性转变传递出一个重要信息，即互联网领域人才辈出，换代极快，脸谱网（Facebook）创始人时年20刚出头的扎克伯格就是典型代表。马云和柳传志的转身显示出中国信息技术领域的创新也是长江后浪推前浪。党的十八大报告强调指出，创新是未来中国经济持续增长的动力，创新实际上是人才的竞争。在未来移动互联网的发展中，中国一定会诞生新一代的领军人物。

所以，马云转身透露出的第二个信息就格外重要。创新特别是信息技术互联网领域的创新其特点与传统行业不同，它的一个新创意可能就是未来的一片蓝天。在信息技术和互联网的发展过程中，特别是在移动互联网的应用方面，有层出不穷的新东西。未来，通过移动互联网这个平台，原则上可以实现在任何地方做任何事情。互联网上的B2C（business-to-customer，商家对顾客）、B2B（business-to-business，企业对企业）、P2P（Peer to Peer，对等计算，即通过直接交换来共享计算机资源和服务）以及购物、支付、医疗手术、教育等，已经不是梦想。随着3D打印技术和新材料研发等方面的不断进步，未来部分制造业也将可以逐步通过信息技术和移动互联网来完成。覆盖全世界的移动互联网，将在全球范围内优化资源配置，地球上的任何角落都可以通过移动互联网得到个性化的服务。但是，首先，这些移动互联网高速公路上的载体必须被一一"创造"出来。而这个"创造"过程实际上就是很多年轻创业者的创业过程，如果这个过程没有相关投资的支持，所有的"创新"就都可能"胎死腹中"。回顾国际国内所有信息技术和互联网领域巨头的发展，其背后都有具有远见卓识的投资人的支持。马云等这些信息技术领域的创业元老们一路走来，深知成功之道，当他们顺应规律功成身退后，就转身成为创新的支持者和推动者。

值得注意的是，新思想创造和实现的过程中有三个基本规律，第一是时间比较长。一个新的服务和生产模式的创造以及市场需求规模的扩展，绝非一蹴而就，马云的基本判断是5~8年的时间。一些革命性的创造，比如以3D打印为主的智能制造业的发展，所需时间可能更长。微软、谷歌和苹果都是在平稳发展了十数年之后才上市进入快速发展阶段。第二是创业和创新型企业在最初的若干年往往是没有收益的。与传统企业不一样，信息技术和互联网企业在没有完成基本思想的创造之前，很难有足够的市场需求产生规模效应带来现金流。传统企业一般会针对已经了解有把握的产品和市场进行投资，一两年内就能产生投资回报。而信息技术领域的创新型企业往往是一个全新领域的先行者和开拓者，是在做一些前无古人的事情，其充满创意的新思想被市场认识和接纳有一个过程，不具有传统意义上的成熟的市场和需求，它的市场和需求是在新思想的实现过程中被逐渐创造出来。第三是创新型企业的风险很大，创新本身不成功的概率很大。原始创新型企业一般就是一个创业企业，是市场和需求都不确定的开拓者，失败对其而言不是小概率事件。

所以创新型企业，特别是创业阶段的创新型企业是不能依靠资本市场融资的，它也不具有借贷每年还利息的条件。创新型企业需要“天使”投资人的支持。只有不以短期内高利润回报为目标的资金，只有能承受创新型企业高概率不成功风险的资金，才能培养出“百里挑一”的新领军人物，在沧海中找到“一粟”，让真正的思想创新“成真”，成为经济的驱动力为人类谋福利。实际上，如果没有美国硅谷投资中大量“天使”资金长达十数年的培育，就不可能有今天的谷歌、微软、苹果等巨头企业。当年谷歌上市时，有报道称，谷歌之所以没有强烈的上市意愿是因为谷歌“不缺钱”。

中国现在也不缺钱。据不完全统计，目前，中国境内有国际国内的股权投资基金、各类投资基金、变相投资的担保公司、小额信贷公司、信托投资公司等不下数万家，资金规模超过十万亿元。如果按照民间统计的影子银行规模，资金可能超过 30 万亿元。但是，国内的投资资金大部分倾向于“最后一公里”的快速套利投资模式，创新型企业根本不是其“投资”目标。即使他们有意，这种急功近利的资金加盟反而有可能毁了真正有创新潜力的企业。所以中国的创新型企业“缺钱”，中国的创新发展缺“天使投资”。

马云出身于信息技术领域，今天，其创办的中国电子商务公司阿里巴巴跻身全球互联网公司前三甲，充满传奇与艰辛的创业历程，使得其对互联网行业的发展规律了如指掌。对于创新型企业的“缺钱”窘境，他有切身的体会，因而懂得培养未来互联网领域更年轻的传奇需要“天使”资金的扶持。

参与一个5~8年不寻求回报的投资活动意味着马云要做的投资就是一个“类”天使投资。马云的投资用现在的概念来说更像是一个社会投资，即不以短期利润最大化为投资目标，这是目前中国创新领域最需要的投资资金类型。没有这种不追求短期高回报资金的支持，中国真正意义上的创新型企业很难得到发展。

创新是中国经济未来持续增长的动力。不仅是信息技术领域，生物工程、新材料、新能源等领域的创新和发展，也将创造中国经济持续增长的新的动力。我们要重视场外多层次融资市场的发展，特别是重视多层次中“天使”层次的发展。我们已经具有一定规模的人才和创新的思想，现在需要的是有更多的天使投资人参与到创新思想的实现过程中，从而使未来中国经济的增长有源源不竭的动力，也使中国人能够在全球第三次产业革命的智能打拼中发挥后发优势，谋得更大的福利。

第五章

经济升级，需要改革新思维

“新瓶装新酒”，转型时期的中国，应该具有新的经济样态，具备新的发展思维。这意味着，中国应该从当前开始，适应中低速经济增长，把主要精力放在解决深层次的结构性矛盾问题上，在尊重经济发展规律的基础下，培育新的发展动力和经济增长点，促进中国经济增长结构向以有效“内需”为主要驱动力的可持续发展的经济增长结构转型。

在新的发展时期，只要不出现“黑天鹅”事件，没有导致系统性风险的金融事件发生，中国经济应该尽量避免采用刺激政策。刺激政策是危机政策，滥用危机政策，将使中国经济永远处于危机之中。告别数字游戏，推进经济结构转型，让消费增长扛起促进经济增长的大梁；推进体制改革，让中国经济发展得益于制度进步的“红利”，这才是升级中国经济的根本之道。

尊重经济规律的新发展观

2013年11月，十八届三中全会提出了一个完整的改革逻辑框架，给市场带来了福音。全世界都看到，中国将坚持市场经济改革方向不动摇，将增强改革的系统性、整体性、协调性，以更大的政治勇气和智慧推动下一步改革。

基于当前国内外形势，中国经济即将拉开全面深化改革的大幕。从“世界经济深度转型调整期”到“中国面临非传统新战略机遇”再到“全面深化经济体制改革”，内中蕴含的新判断、新命题、新思维引发舆论高度关注。

近年来，在中国的改革新思维中，尊重经济规律的新发展观尤为引人瞩目。其实，之前召开的中共“十八大”以及紧跟其后召开的中央经济工作会议，已经较为鲜明地透露出新一届政府的改革观、发展观等诸多方面信息。

第一方面，是要以更大的政治智慧和勇气推动下一步改革，深化关于改革几个方面的新认识。

其一，改革是最大的“红利”。更有质量的经济增长，要依靠制度“红利”来实现。当前，中国改革开放初期的劳动力比较优势已经不存在，转轨初期改革释放的生产力以及小平同志南方谈话推动市场化发展带来的制度优势影响也在慢慢衰减，加入世界贸易组织带来的对外开放“红利”也已经用足，在这种环境下，新阶段的经济发展只能依靠制度“红利”来推动。特别是在当前经济高投入产出比出现规模递减效应的状态下，就增长谈增长，依靠投资拉动增长只能是导致更高的投入产出比，只能是没有效率和质量的增长。用我们比较熟悉的话来说就是生产关系束缚了生产力，只有通过制度改革突破生产关系的约束，才能释放出新的生产力。

用经济学的语言来说，根据全要素生产函数的理论，短期经济增长依靠的是资本和劳动投入，突破短期增长瓶颈要依靠技术进步；而长期的可持续发展是要靠制度变革带来更有效率的市场，配置更加优化的资源，更公平的环境。新制度和新体制要依靠改革推动建设和完善，所以，关于改革是未来经济发展的最大“红利”的判断，在逻辑上是非常严谨和科学的。

其二，对改革的艰巨性达成共识。改革要打破固有利益格局，调整利益预期，这需要决策者有大的魄力，痛下决心去推进。改革进入深水区、攻坚区，其“深”体现在体制性的权力寻租难以撼动，其“坚”是与既得利益群体的博弈。实际上任何一项改革，都涉及权力寻租的空间改变和利益的重新分配，如果不能重下决心重新“切”蛋糕，改革可能寸步难行。决策层已经充分认识到改革中最大的障碍是利益的重新划分。

其三，改革是系统工程。进行系统性、整体性、协调性的改革这一思路释放的信息非常重要，说明相关方面已经达成共识，中国需要改革的是体制性的问题而不是简单的个别方面的问题。这其中有两大关键点。第一是系统性体制改革牵一发而动全局，整体改革不能全面出击，也不能头痛医头、脚痛医脚，东一榔头西一棒，其突破口将至关重要。第二是系统性改革需要协调和合作。一个人动手术先要全面检查其身体各个部分，只要有一个部分不能配合手术，手术就可能不成功，甚至导致病人死在手术台上。同样的道理，关乎整个系统的改革，一定要有系统各方面的协调和配合，才能使整体系统的体制改革有真正的执行力。实际上，协调机制本身就是一个需要改革和改进的体制性问题，否则，任何改革措施都可能因为与利益有纠缠的部门不合作、不作为、执行不到位而前功尽弃。

其四，制定了明确的改革路线图、时间表，改革不再是口号。过去一谈改革就说是长期问题，而对于长期问题的直观理解就是可以搁置，以后再说，特别是一些老大难问题。结果需要改革的问题就真的变成“长期存在”了。实际上，“长期问题”的意思是改革需要时间，但是必须从现在开始，一步一步地走这个过程，才能最终达到改革的目标。制定路线图和时间表就表明有关部门不再回避不再搁置。

第二方面，未来中国经济的发展将“遵循规律”科学发展。发展是硬道理，发展的实质是科学发展。而科学发展，就是按照规律发展。

当前，国内外大环境已经与三十年或者十年前非常不同，高增长的比较优势也已经改变，现阶段的经济适度放缓大体上符合经济规律。不刻意强调增长速度，不纠结于零点几个百分点的增长，追求有质量、有效益、可持续发展的增长速度，不断转变经济发展方式、不断优化经济结构，着眼推动经济持续健康发展。实现有质量、有效率、可持续的发展，关键是要深化产业结构的战略性调整，化解产能过剩，其总原则是“尊重规律”，具体的措施则是分业施策、多管齐下、标本兼治。

今后应该不会盲目设置超规律的高生产总值增长目标，而会尊重现阶段较前三十年平均增长速度适度放缓的潜在增长率。尊重规律将是对过去“唯生产总值增长”观的纠正。根据这个基调，盲目粗放的经济活动将逐渐被按照“规律”发展的经济活动取代。今后的经济活动，诸如消费增长点培育、投资规模增长、城镇化建设、结构调整、新兴产业发展、农业现代化建设等，都将“尊重规律”，力求科学发展。

第三方面，有效的财政政策和货币政策不仅是确保实现短期稳增长的举措，同时也有利于推动相关体制的改革。

减税是收入分配改革的一部分。过去十年，我国的财政收入年均增长率超过

22%，超过GDP增速的一倍，而居民收入的年均增长率是 8.6%，低于GDP增速。按照国民经济的合理分配原则，如果居民收入的增长低于GDP增长，就一定是政府和企业分多了，减税是合理调整收入分配的一部分。未来十年，根据规划，我国的人均收入将翻番，减税也将是实现目标的保障之一。

结构性减税是作为稳增长的短期政策提出来的，但是中小企业税收过重是一个整体问题，因此不能把减税变成一个常态性的政府行为。如果能把减税设计成为逆周期调整的机制，可能是一个更合理的长效制度性安排。减税助推支付职能转化和预算硬约束，因此将会导致财政收入减少，加上未来我国在教育、社保、医疗等方面的福利支出将会增加，如果不相应减少一般性财政支出，会加剧收支失衡。因此，改革财政预算硬约束这个老大难问题就必须提上议事日程，否则，财政赤字和债务的风险就会增大。当然，这些改革也要符合严格控制一般性支出的精神。

货币政策提出要适当扩大社会融资总规模。这不仅对稳增长有直接的作用，更重要的是，这将推动间接融资和直接融资比例的调整。社会融资的结构包括传统的银行信贷，还包括股权和债券融资以及民间融资。在间接融资数额一直较大并期限错配风险加大的情况下，社会融资总额扩大的部分将更多来自资本市场和债券市场的直接融资，这意味着证券市场的扩张和发展。债券市场的发展将有利于加速利率的市场化，利率市场化则有利于降低实体经济的融资成本。社会融资总额的结构中还包括民间融资，社会融资总额扩大，也意味着民间非正规金融的发展和多层次融资市场的拓展和逐步完善。

推动“有效益”的经济增长是新一轮经济发展的目标。尊重规律、攻坚改革是实现目标的方法和途径。

改革 2.0：新观念，新战略，新范式

其实，把政府的一些政策冠以“经济学”的概念，绝非今日炒家的专利，20 世纪 80 年代的所谓“里根供给学派”就已经是先例。虽然把政策说成“某某经济学”有生硬牵强之感，但若忽略其炒作的成分，就注重突出政府决策层不同于过去的政策思路而言，倒不失为一种有意义的表述。由此，笔者认为，如果将近来宏观经济研究中流行的一些新概念表述为新一届政府的“新政”，或许更准确一些。

事实上，今日中国的经济已步入了与过去三十年完全不同的发展阶段。新的经济发展政策只有顺应新阶段的发展特征，才能顺势推动经济按照规律发展。“新政”体现的是新政策与发展阶段及发展观念的变化一致。回首中国改革开放以来的经济发展路线图，可以清楚地看到观念、政策、发展战略与经济规律的一脉相承。

第一阶段（1978~1992 年），摒弃“姓资还是姓社”的争论，释放农业发展的生产力，支持“农村剩余劳动力流动推动了城市发展”这一观点。

第二阶段（1992~2005 年），在多种所有制共存的观念上有了很大进步。国企改革鼓励民营企业的发展，建立深圳特区试点，引进外资承接全球产业转移，鼓励加工贸易出口，中国成为世界制造业中心。

第三阶段突破“狼来了”的恐惧加入世界贸易组织，中国经济借助国际化浪潮，成为世界第一大贸易国，第二大经济体。

前三十年的经济改革有几个鲜明特点，首先是解放思想改变观念，民营经济获得了较大的发展空间。其次，摸着石头过河实际上是在把握水势，摸索市场经济的规律，以调整政策和进行制度变革。在这个过程中不断地探索和不断地学习，对不同的水流采取不同的过河方式，在不同的发展阶段实施不同的政策，坚持顺势而为。再次，在当时的历史环境下，我们可以说是在白纸上作画，只要有思路和相应的政策支持，下笔就能画出一幅很美的画。比如吸引外资，招数就是给优惠政策；鼓励出口贸易，招数就是实行出口退税增加补贴；拉动GDP增长，招数就是政府加大对基础设施建设的投资甚至重复建设；推动产业发展，招数就是投资设备扩大规模，诸如此类。

但中国经济发展到现阶段，已经不再是在白纸上作画，虽然还需要画新的画，但不可能无视已经存在的画，再按套路在过去的画上下笔只会把画“画乱”。比如，对已经产能过剩的产业不能再加大投资力度。按照经济规律，一个产业的平均收益为零意味着产能达到均衡水平，没有规模效应的企业应该自动退出。但是各地采取合并重组甚至补贴的方式，千方百计保留产能过剩的企业，使产能过剩问题迟迟不能调整解决，生产者物价指数持续为负将进一步打压有效投资的意愿。如果继续这样反规律的做法，将真的有可能把中国经济推向衰退。卖地财政推动房地产价格泡沫已经使实体产业出现空心化的趋向，而且加剧了地方债务风险和金融风险，继续下去将可能引发中国式金融危机。外需市场持续萎缩，加上出口规模已经较大，如果结构再不改变，像过去那样的出口大幅增长将不太可能，这不是靠出口退税可以改变的。经济再沿着过去的套路发展，路会越走越窄。

要画新的画，就更不能按照“套路”下笔，比如新兴产业的发展要尊重产业发展规律。首先投资研发攻克技术瓶颈，再拓展消费，最后才是扩大生产规模。否则就会像光伏产业那样从产能扩张开始，结果还未开始战略性能源替代效应就深陷产能过剩的困局，结果不但没有推动经济的进一步发展，反而拖累了新的产业结构的形成进程。互联网时代，随着3D技术的发展，文化产业、商品零售业、金融投资行业、甚至制造业，未来都会出现网络化的趋势，经济网络化已走进百姓生活的方方面面。这些产业的发展更需要“颠覆性”的创新思路和制度变革，绝不能把过去产业发展的套路作为这些产业的发展起点，一步落后将步步落后。鼓励企业走出去，也是我们需要画的“新画”。这是过去招商引资承接产业转移和加工出口贸易的反向发展，是一种战略性的转变。这里需要包括外汇体系、信息咨询、金融财政、国际市场风险防范、国际合作协调、甚至外交等所有对外发展全新政策的支持和制度变革支持，过去的“套路”在这里将完全没有意义。

我们已经走进了一条新的河，面对的是一片新的水域，简单地套用从旧河道上摸索出来的“轻车熟路”，希望走捷径，可能事与愿违，就算过了河也可能损兵折将损失惨重。从政府到市场，从官员到百姓，需要经历一次革命性的思想转变，深刻认识中国经济已处在新的发展阶段。要抛弃与现阶段发展不相适应的观念、政策、方式，超越过去的发展范式，开辟出一条不同于前三十年的过河之道。从这个意义上说，“新政”释放的关于不纠结于短期零点几个百分点的增长，尊重经济规律、释放改革“红利”、培养增长后劲等信息，应该就是实现中国经济发展新目标的“过河之道”。

寻找动力，中国经济如何保平稳增长

当前中国经济面对的外部相关环境不再是2008年和2009年全球主要发达经济体经济大幅衰退的恶劣形势。相关指标显示，各主要经济体的经济增长是低增长而不是负增长，消费者信心指数正在不同程度地回升，美国的就业形势略显改善。全球经济增长态势疲软但不是衰退。

面对国内外的矛盾和变数，欧债危机的蔓延、银行体系的风险等，我国相关政策拯救效果不明显，金融市场频繁波动、经济增长指标下调等问题都与2013年基本一致。而形势上的未来变化相对则更加明了，拯救方案应该是向着更有针对性的方向改变。如果没有欧债危机蔓延至德国这样的“黑天鹅”事件发生，对当前全球经济形势和外需市场变化的预测，应该是与之前的假设基本一致，在部分信息上还可能更对称一些。国内通胀压力得到缓解，经济增长并未如之前危言耸听的那样硬着陆。基于这样的信息，对未来经济平稳增长的形势判断应该相对更可预期。

我们认为不必对外部形势过度反应。中国经济增长应该按照转型的既定方针和更平稳增长的新的增长理念来引导实现。通过调结构来优化资源配置，通过转型培育新的增长点，通过财政政策引导制度性改革来保证经济在合理水平上的持续增长。而不是依靠发行过多的货币，释放一些产业好不容易被稳定的过剩产能，或者采用推高资产价格泡沫的方式来推动短期的较高增长。必须坚持经济长期持续增长所必要的调整和转型。

只有更清晰地认识到国内外矛盾和变数形成的深层次原因和未来的变化趋势，才能坚定不移地实施既定转型战略，以不变应万变，而不会被似是而非的表象干扰。我们认为，中国经济增长方式的转变需要新的增长理念，要逐渐接受一个平稳的增长速度，逐渐放弃靠印钞票来扩张的思路，避免用高风险的方式延误解决存在的风险和累积更大的风险，只有这样，中国经济才会诞生新的增长动力。

外部经济低迷靠转型应对

2008 年下半年以来，外需市场的低迷一直是“预测”中国经济增长将放缓的原因，也成为推动实行宽松货币政策和其他支持的主要根据。欧债危机的蔓延会导致全球经济二次探底，中国最大的出口市场将可能进一步萎缩，成为 2013 年以及当前中国经济增长放缓预测的根据之一。

外部经济低迷、外需市场萎缩确实对中国出口增长不利。危机时期，满足基本生存需求的低端制成品出口未必会大幅减少。整合一些因缺少竞争力而关闭的企业留下的市场份额，通过规模效应提升竞争力，继续保持一般制成品领域出口的增长，应该是应对外部经济低迷的措施之一。另外，多元化贸易伙伴，增加对新兴市场国家、东南亚国家和非洲国家的出口，是应对美国和欧洲市场份额下滑的有效方法。

更重要的是，美欧外需市场的收缩可能不是暂时的现象。发达国家过度消费的增长模式，是引发全球经济不平衡和经济危机的重要原因之一。不说走出危机尚需时日，消费增长大规模恢复还没有预期，即使是后危机时代，美国和欧元区过度福利化的制度和增长方式也都不得不改变，靠借钱借债过度消费的模式可能一去不复返。中国经济切不可把增长的筹码过多寄望于外需市场恢复到危机之前的水平。以内需增长来应对危机时期和后危机时代外需市场的变化，可能是最佳举措。过分地反复强调外需市场的变化，过度依赖短期政策维持低附加值的出口增长，而不从根本上务实地推动内需增长以及相关制度性配套，可能会误失转型的机会，失去对经济持续增长动力的培养和准备。

中国不要推动过高增长

中国经济经历了三十年高速增长带来的长足发展。但是，进入新的发展阶段后，劳动力红利逐渐消失；能源需求大幅增长，石油进口已经占到总需求的 50%，发改委报告指出 2015 年将上升到 60%；环境资源也被严重透支；前面提到的外部增长方式的变化将倒逼加工贸易的转型；完全依靠低成本优势的粗放式增长模式已经走到尽头。

以 2011 年为例，25% 的投资增长，9% 的 GDP 增长，意味着近 3 个百分点的投入才实现 1 个百分点的产出，意味着中国经济步入了经济学意义上的规模递减效应阶段。在这个阶段，在短期内技术进步和制度性的改变不会发生的情况下，生产曲线不会向上移动。如果中国经济继续追求更高的增长，需要超过 3 个百分点甚至更高的投入才能带来 1 个百分点的产出，造成更大的没有效率的增长结果。如果适当放慢增长速度，中国经济将可能处在生产曲线上 2 个百分点的投入带来 1 个百分点的产出的相对优化的位置，与现在的投入产出比例相比，经济增长质量和增长效率将得到一定程度的改善。

如何达到更有质量更有效率的适当平稳的经济增长？对此，投资、消费、进出口三大驱动力都有调整的空间。投资方面建议适度放慢。比如，原计划每年完成 1 万公里铁路建设的可以减少至 5000 公里，投资和 GDP 将仍然增长但速度更趋平稳。而在更安全的交通设施建设上下更多功夫，也能提升 GDP 的增长质量。对于单位 GDP 增长耗能是美国的 7 倍、日本的 10 倍的高耗能产业和企业，继续实施关闭和降低产能的政策，直接提升工业增长的质量和能源平均使用效率，努力把节能减排的指标坐实，达到当前单位GDP耗能下降的目标。新兴产业的发展，遵循产业发展规律，先增加更多基本技术研发上的投入，然后大力开拓消费市场，最后再推动规模生产，将生产规模的投资降低转化为消费市场打开后的规模扩张。而不是像现在这样，技术瓶颈还没有突破，消费市场也没有打开，就盲目大规模投入生产，造成增长既没有质量也没有效率。超过30%的大大高于平均投资增长水平的房地产投资泡沫形势，是推动经济过高增长和资源配置不合理的重要原因之一。从防止引发危机和平稳经济增长的角度，有必要对房地产投资继续进行调整。保障性住房投资对房地产产业链的拉动作用与商品房的投资作用应该是一致的，关于房地产投资的合理下调对经济增长速度的影响不应该被夸大。除了这些，投资领域还有很多可以通过结构调整来提高增长效率的产业或部门。

消费增长领域应该也有很大的空间。消费增长可以部分补偿一些领域投资增长减少带来的GDP增长放缓。现在，我们一方面需要通过收入增长以及社会保障体系的完善来推动高边际消费倾向的低收入群体的一般消费增长，提高其占GDP的比重。另一方面，高收入群体的消费需求也应该成为促进消费增长的不可忽视的部分。发展服务业可以创造不同层次的消费需求。现在，生产性服务业的发展和制造业的产业链开拓得到了较大的重视，而消费性服务业有利于创造多层次的一般消费需求，高水平和精细化的服务有利于促进和推动高收入群体的消费，这两个层面的重要意义还没有被相关部门充分认识到。养老、保健、护理、旅游、度假、文化、医疗以及教育领域的服务业发展，不论从满足需求增长还是创造需求的角度都应该得到完善和推动。按照消费占GDP的比重60%计算，中国消费需求短期内还有超过20%的增长空间。消费增长可以成为由内需推动的经济增长的主要动力，也可以成为吸纳各层次就业的主要领域。不过，金融服务业的发展不能脱离实体经济。特别是银行被要求达到 40%~60% 的高利润增长指标，这大大高于 9% 的实际 GDP 增长，将不利于避免银行盲目扩张带来的风险。

出口加工业一方面应该淘汰没有竞争力的企业和产能，整合加工贸易，通过规模效应提升竞争力。另一方面，制造业需要向高端制造业方向发展，为大量技能型劳动力创造新的就业机会。

如果各级地方政府都能遵循规律务实发展经济，不但当前 9% 左右的经济增长率能够保持，而且能够走出一条持续五年十年甚至更长时间的平稳增长的发展道路。

中国经济转型财政政策唱主角

有分析认为，一些方面之所以过分地强调外部经济二次探底和中国经济下滑，是有相关利益集团挟持货币政策放松银根，重现流动性非常态宽松的形势，从货币赚货币，以货币推高资产价格，从中获利。

我们认为，中国经济不缺钱，中国经济也不能依靠发行货币来推动增长。如果规模巨大的居民储蓄脱媒搞投资"投资"的活动，将像出笼猛虎一样释放巨大的流动性，极端情况下还可能出现银行挤兑危机，通胀和资产价格可能再次失控。如果引导得当，巨额居民储蓄和企业储蓄将逐渐有序转化为对实体经济的投资，成为实体经济投资的巨大资金来源，同时逐渐平衡一直为国内外一些观点批评并一直困扰中国经济的储蓄——投资缺口矛盾。所以中国的经济增长不缺钱。如果我们的货币政策在"经济大幅下滑"的压力下非常态地延续宽松货币政策，将可能导致储蓄余额再次大幅上涨，流动性形势的恶化将把老虎变成狮子。

财政政策应该主导经济转型。我国财政收入连续十年大幅增长，积累了引导经济转型的实力。财政预算可以通过减税免税帮助需要整合和提升竞争力的中小企业发展；可以支持配套新兴产业相关技术瓶颈研发，推动新兴产业的科学发展；可以增加财政支出中社保和医疗卫生投入的比重，逐渐解除消费增长的后顾之忧；同时可以作为引导资金引导民间资本参与保障性住房建设，建立房地产市场的发展新模式；还可以支持农业的集约化转变，预防由城镇化带来的农村空壳化和农业发展困扰等。

中央财政要围绕转型和培育新的增长点来做预算，地方财政要以上面所说的各项投入来做支出安排，而不是围绕盲目上马的项目和粗放的GDP增长来做预算。近年来，我国财政的盈余和财政收入的增长使其完全有实力担当转型主角。与中央相对应，如果地方政府也能够以本地经济的平稳增长为目标，地方财政也不应该有巨大缺口。

顺应改革，告别数字游戏

岁末年初，是各类对未来一年经济增长率的“预测”走俏之时。笔者认为，对GDP增长率以及政府引导性增长指标的预测，是为了让各方对未来一年的经济安排有所准备，而不是为了像危机时期那样被利用来在短期数字上“套利”，更不该成为一种“逼”相关政策出台的压力。在改革全面深化的形势下，对GDP增长的预测应该转变观念，更客观、信息更对称、更尊重经济规律，而不能是具有主观导向性的数字游戏。

毫无疑问，十八届三中全会《中共中央关于全面深化改革若干重大问题的决定》启动的发挥市场配置资源决定性作用的改革，将继续释放新的活力。如果2014年没有突发事件，中国经济增长应该延续平稳的态势。2013年的政策基调不会变。

笔者的这个判断，考虑了国际经济形势的影响，但主要是基于国内因素。

以笔者的观察，虽然需要特别警惕全球正在累积的新资产价格泡沫，但2014年国际不稳定因素对中国经济可能带来的冲击不会比2013年更负面，2014年爆发新危机属于小概率事件。全球实体经济复苏态势并不稳定，但已不是危机状态。美欧经济增长恢复态势逐渐明朗，新兴市场国家经济增长调整的状态估计还会延续，保持平均超过5%的增长可以预期。美联储退出量化宽松政策的信号早已释放，应该不会发生冲击性影响。对退出量化宽松政策可能带来的华尔街的调整，不必过度反应，资产价格泡沫的适度挤出有利于全球经济的平稳增长。基于此，笔者判断，2014年，全球经济或许能够略高于2013年平均4%的增长率，达到4.3%左右。

看国内因素，2014年经济将“平稳”增长的预测是综合了三个方面分析判断的结果。

首先，按经济规律分析，我国经济的潜在增长率应该在7%到8%之间。柯布–道格拉斯生产函数的结论认为，资本投入与劳动力的投入决定短期增长速度；全要素生产函数理论认为，供给和成本因素决定潜在增长速度。供给和成本两大供给因素的改变，显示中国经济的短期增长率和潜在增长率都在变化，中国经济正走进一个新的增长阶段。

供给因素的改变是因为劳动力成本的改变。近两年，我国劳动力成本年均增长20%。过去30年，我国经济高增长的一大动力是源源不断的低成本剩余劳动力供给。劳动力成本提高，说明剩余劳动力在减少。从理论上说，在没有明显技术进步和制度性进步使劳动生产率提高之前，潜在生产率会有所降低。劳动力工资上涨也表明，促进经济短期增长的达到的某种均衡状态的资本与劳动力比重不会很快被突破，经济短期增长不会改变，但也不可能像前30年那样，只要加大资本的投入就可推动高增长，而完全没有劳动力匹配的担忧。

成本因素的改变决定了产业结构的调整势在必行。30年粗放式发展，一些行业的产能过剩，低附加值、低技术含量等问题以及环境、资源的约束都到了比较严重的程度。在新的产业结构还未形成的情况下，经济短期增速和潜在增长率都会下降。国内经济连续两年分别以7.7%和7.5%的速度增长，低于过去30年的平均经济增长率而没有出现大规模失业，应该是基于两大重要因素变化带来的潜在增长率变化。根据经济学关于“充分就业长期均衡增长率”的基本结论，国内现阶段的经济增长水平应该是在7%到8%的增长区间。据此可以判定，当下中国经济的增速变化是正常的，符合经济规律。

其次，潜在经济增长率具备内在的稳定性。潜在经济增长速度由技术进步、制度进步，结构优化等因素决定。在改革进程中，这几个方面都趋势良好，但需要时间。目前，劳动力与资本的比率阶段性相对均衡，劳动力供给状态不会在短期内改变，资本和劳动力的均衡最终将靠劳动生产率的提升来突破。因为技术进步是长期变量，劳动生产率的提升也不会突变，所以，劳动力与资本的阶段性均衡决定了近期经济增长具备内在的稳定性。如此看来，2014 年，中国经济的增长水平应该能延续 2012 年和 2013 年的势头，稳定在 7%到 8%的增长区间。至于是 7.5%还是 7.8%，零点几个百分点的差异并不能说明基本增长因素的改变，也没有实质性区别。只要是在潜在增长区间之内，增长的稳定性就没有改变。

另外，对各方“习惯性”关注的宏观调控政策特别是货币政策取向，笔者认为不会有实质性的改变。宏观调控、宽松货币政策是“危机”政策，在正常状态下不必进行宏观调控。中国经济现在并不处于危机状态，不需要宏观调控之手的干预，尤其宽松的货币政策更不能常态化，否则可能诱发通货膨胀形势恶化。因此，稳健的货币政策应该还是 2014 年的基调。

李克强总理早已明确提出，宏观调控的上限目标是通货膨胀，下限指标是失业率，而不是零点几个百分点的GDP 增长变化。可见，只要通胀水平在可承受的范围内，失业率在“充分就业”的范围内，宏观调控政策就不会轻易“调控”，更不会被实际GDP 增长与所谓“预期”的零点几个百分点误差而引导。

2013 年年初，国内外曾一片唱空中国经济的声音，认为中国经济大有硬着陆甚至“崩溃”、爆发经济危机的风险，其中以呼吁中国政府开启第二个“四万亿”的嗓门特别大。对此，我国决策部门表现出了对经济规律的深刻认知，对把握国内经济形势的充分自信，他们尊重经济规律，坚持不采取刺激政策。2014 年的经济形势不会比2013年更复杂，2013年没有采取刺激政策，2014年更不必采取。

而积极的财政政策可能更多体现在为中小企业减税以及对社会保障和公共服务的支出增加方面，而不是加大政府投资。在市场配置资源将发挥决定性作用的市场化进程中，产业政策不会再通过审批项目和配套项目资金的模式来配置政策资源，而会减少审批，不以GDP挂帅，引导调整产能过剩、产业升级和经济转型。

在让市场发挥配置资源决定性作用的新理念下，2014年，中国经济增长的动力将会更多关注市场配置资源改革释放的要素有效性的提升；会更关注新一轮对内对外开放释放的新的生产力特别是对内对外的“负面清单”带来的机会；更关注以促进农民收入增长为重点的土地制度改革对新型城镇化经济增长方式转变带来的影响；更关注平衡发展、改革促发展的新的发展硬道理所激发的持续发展活力。

第六章

金融市场改革，资源配置谁主沉浮？

与其他领域一样，中国金融市场存在着深层次的矛盾，迄今仍没有形成一个开放的、自由公平竞争的、真正规范的“市场”。

金融市场改革，并不是依靠一两个新产品来活跃市场，也不是依靠更多的衍生品“创新”，而是走“市场化”道路。中国金融市场改革必须要在利率市场化、汇率形成机制改革、民营银行设立、增加直接融资比重、股票发行注册制改革、多层次资本市场建设等方面，加强制度性建设和规范，只有这样，才能提供与未来经济持续健康发展所需要的金融服务相匹配的金融市场。

作为金融对内开放改革试点的温州金融改革，其过程中出现的问题和获得的经验，值得所有相关人士关注与反思。

资源配置重头戏——利率市场化

十八届三中全会通过了《中共中央关于全面深化改革若干重大问题的决定》(以下简称《决定》),其中金融改革部分提出“完善金融市场体系”。

中国金融市场与其他领域一样,存在着深层次的矛盾,仍没有形成充分竞争、完全公开公平公正的市场,也就是说,还不是一个真正规范的“市场”。金融市场改革,绝不是多一两个新产品活跃市场,也不是更多的衍生品“创新”,而是“市场化”。必须在利率市场化、汇率形成机制改革、民营银行设立、增加直接融资比重、股票发行注册制改革、多层次资本市场建设等方面,加强制度建设,只有这样,才能提供与未来经济持续健康发展所需要的金融服务相匹配的金融市场。金融市场的制度建设是全面深化改革的重头戏。

利率市场化的过程是一系列制度建设和形成的过程。《决定》最大的理论突破是提出要“发挥市场配置资源的决定性作用”。资金是重要的要素资源,利率是资金成本,所以利率市场化是实现资源市场化配置最重要的制度变革之一。

很多人认为,银行存贷款利率放开是市场化的最后堡垒。2002 年,中央银行的利率改革路径确实有一个分先后的思路,即先外币后本币,先贷款后存款,先长期、大额后短期、小额,都是以各类利率放开为改革目标。利率市场化的过程似乎就是存贷款利率的限制逐渐放松的过程。如果是这样,随着贷款利率下限的放开,只需要再等存款利率上限放开，利率市场化似乎就能实现。但笔者认为，“利率放开”就是利率市场化，这种认识是不够准确的。存贷款利率放开只是“市场化”的开始，市场化利率的形成才是利率市场化的核心。

有观点认为，利率是资金的“交易价格”。利率市场化的本质，就是由各类主体通过各种金融产品自由地进行交易，从而形成不同期限、不同风险特点资金的价格。笔者认为这个观点有三个方面值得商榷。

第一，作为资金“成本”的利率与作为“交易价格”的利率并不完全是一个概念。资金利率市场化不是为了市场化而市场化。经济学认为资源是稀缺的，利率市场化的目的是通过利率的变化调整资金成本以实现资源的优化配置。资源的有效使用推动经济比过去更有效率地增长，结果是实现“帕累托”最优改善。非常明显，利率市场化是为了更有效地配置资源，将其配置到实体经济最有成长性的地方。当利率作为资金需求方的融资成本与作为资金供给方的资金成本加投资回报率达成一致，就完成了资金配置的过程。

在传统的间接融资过程中，利率形成过程通常由银行来完成。融资方根据自己的成长性和未来的收益及风险来确定可承受的资金成本。银行通过评估坏账风险、企业的经营风险以及存款资金成本和投资管理成本等因素来确定贷款利率。资源优化配置的市场化过程是，原则上，银行信贷在风险可控的情况下流向可承受最高资金成本的资金需求方。在直接融资过程中，市场化利率主要是通过债券市场中各类债券产品的一级市场发行“招标”产生。

与利率相关的所谓“交易价格”一般是指二级市场上包括债券、短期票据以及银行间隔夜拆借在内的证券买卖活动的“换手”价格，显然与实体经济的资金需求供给没有直接关系，与资源的优化配置也没有直接关系。它与利率市场化配置资源到实体经济的基本目的完全不同。

第二，“交易价格”可能扭曲资金成本。金融产品特别是深度衍生品交易的资金需求和供给基本是投机和套利的需求和供给。投机活动是以“钱赚钱”为目标。证券市场上的赚钱活动表现为价格上涨时，投机活动有巨大的动力调动资金把价格推得更高，这样就可以不断赚钱；在价格下跌的时候有巨大的动力调动资金把价格拉得更低，这样就可以通过卖空不断赚钱。结果导致“交易价格”不是“过高”就是“过低”。非常明显，在以投机活动为主导的所谓“市场”上，交易价格完全可以被操纵。如近期美国国会就要求调查几大投资银行对大宗商品交易价格的操纵行为。而以支持投机行为为导向的对基本面数据随心所欲的短期“股评”式解读也对“交易价格”起到了助长或助跌的作用。

第三，交易价格引导资源错配甚至加剧金融风险。金融产品特别是衍生品交易活动是高风险高收益的金融活动。交易价格决定收益，交易价格引导资金流向高风险高收益的投机交易和套利活动，如国内银行大规模推出的理财产品。理财产品市场的收益率与存款利率差异性明显，大量存款转化为购买理财产品的资金。理财产品相对较高的收益率成为银行规避资本金约束、变相揽储进一步扩张的手段。银行并没有充分考虑资产负债和风险管理等方面平衡决定的各期限各类别理财产品的成本收益，从而出现大量期限错配的资金。银行理财产品打破了存款利率的上限，但这并非实体资金的供给和需求在市场风险调整约束下形成的“市场”利率，以高息揽储为目的的高收益率更像变相的投机性极强的“交易价格”。

“交易价格”更多由金融机构之间的风险资金供求关联交易决定，这导致金融风险如影随形。随着银行业市场的同业资产不断扩大，以及其综合经营范围不断扩大，不同机构、不同市场之间和金融集团内部不同部门之间的业务和资金联系都更加密切，风险传染性随之上升。各类金融市场的资金相互交易，使信用、利率和流动性等各类风险相互转移的渠道增加，风险相关性也随之显著增加。金融产品链条的拉长，涉及多个中介多个市场交易环节，一旦某个环节出现问题，会波及多家机构甚至引发系统风险。

更糟糕的是，如果货币政策以“交易价格”释放的流动性信号而不是宏观基本面的形势作为货币调控基准，除了会弱化货币政策的宏观调控作用以外，更有可能带来经济的更大不稳定。

金融产品特别是衍生品市场不应该是市场化利率的“市场”，金融产品和衍生品市场的“交易价格”不能等同于合理资金需求和供给形成的市场化利率。这是利率市场化改革中首先需要弄清楚的概念。

真正的市场化利率应该通过银行，由其按照实体经济资金供求所进行的“信贷活动”和债券类产品的一级市场竞标来形成。利率限制放开的同时，基准利率的形成也非常重要。

利率市场化的配套制度改革

前面主要谈了利率市场化与制度改革的关系，对所谓利率是资金的“交易价格”一类观点提出了商榷意见。在这篇文章里，笔者想重点讨论利率市场化过程中所需要关注的配套制度改革问题。

第一，在信贷市场上，银行的国资背景以及与政府超越市场约束的关系可能是利率市场化首先需要突破的制度性障碍。这种不合理状态带来了两方面的问题。

一是存在严重的道德风险，这导致资源不可能被优化配置到最需要资金的领域。长期以来，由于国企或地方政府平台信贷出现问题不会被严格追究责任，银行更愿意通过简单授信的方式给并不缺钱的国有大企业或者政府融资平台提供信贷，而不愿给最需要支持的中小企业贷款。特别是近年来，甚至出现大企业高利率转贷银行贷款的情况，信贷配置过程中的道德风险使资源配置进一步扭曲。

二是贷款利率也与企业性质有关，目前的银行贷款利率并不是在真正进行资产负债风险管理评估后，以资金供求为基础形成的。在我国，银行之间往往通过降低贷款利率的方式争抢“大客户”，所以近期放开贷款利率下限最大的受益者是国有大企业。而对于本就获取银行信贷非常有限的中小企业，其贷款利率基本都执行4倍的上浮上限。如果通过进一步取消贷款利率上限实现利率市场化，中小企业的贷款利率只会更高。

银行的这种贷款利率差异，不能简单地用中小企业风险大来解释。应该说，贷款利率的形成机制与银行的国有体制、政府的深度干预以及经济活动的非市场化有关。所以，如果银行的这种信贷文化和由体制导致的道德风险不改变，以及政府对金融和经济活动的干预得不到有效约束，利率就不可能成为资源优化配置的资金成本，即便存贷款利率放开，利率也未必能够“市场化”。国有银行和国有企业市场化的更有竞争力的体制改革应与利率市场化同步。

第二，利率市场化要求银行不能像实体企业那样以利润最大化为经营目标。根据金融学理论，金融业必须在给定风险下最大化收益，或者在给定收益下最小化风险。如果银行不计风险以利润最大化为目标，就一定是收益越高风险越大。金融机构在没有风险约束条件下利益最大化的经营目标只能带来两个结果：一是短期金融产品的投资活动比较容易达成金融机构无限追求的无风险约束的利润最大化目标，所以，银行有非常大的动力经营大规模变相揽储的金融理财活动，即所谓影子银行活动，而没有动力向实体经济配置资金。资源错配下利率一定是扭曲的。二是金融机构如果以利润最大化为经营目标，自我膨胀就是最简单的增长方式。其结果是金融机构从资源优化配置的中介机构，演变成为资本的占用主体。金融机构除了通过影子银行业务直接占用资金外，还会寻求上市融资，通过频繁地增发股票、发行债券充实资本金的融资活动，成为证券市场资金的占用主体，最终导致在宽松的货币环境下，银行间市场流动性短缺、中小企业融资难的问题得不到缓解。

金融机构以利润最大化为经营目标，决定了其以虚拟经济活动为主的经营模式，也决定了社会资金非实体经济的流向和高风险定价的原则。金融机构回归服务实体经济显然也是利率市场化的关键制度转变之一。

第三，扩大债券和股票发行的一级市场规模。这是加大直接融资比重的关键环节。债券类证券产品的一级市场也是利率市场化的主要市场之一，其基本的制度性建设也有必要进一步完善。首先，目前债券类证券产品的一级市场定价机制的市场化程序需要严格运行。债券发行利率的竞标市场应该普遍采取美式竞标模式。美式竞标模式对各报价机构有强制性按照各自申报价格申购债券规模的要求，这对于降低明显利益导向故意扭曲价格的道德风险有一定约束。其次，债券市场的信用评级制度需要创新。现在，国际国内的债券市场都是采取信用评级的方式来解决各类债券产品还债能力的信息对称问题，但是，公正的信用评级需要评级机构的"信用"，评级机构的信用来自其高度的"独立性"。债券类产品一级市场定价中的评级应该创新机制，而不是必须采取信用评级方式，以免重蹈三大评级机构频频遭遇质疑的覆辙。

第四，有必要形成完善的由市场引导的基础利率。要避免存贷款利率放开后的价格恶性竞争导致银行危机，培育基准利率引导概念并找到合适的引导性利率非常重要。国际上，市场化的基准利率有两种体系：一种是伦敦的Libor（银行同业拆借利率）体系。但是巴克莱等报价银行的操纵丑闻暴露后，Libor形成机制的"市场化"遭到破坏。效仿Libor的Shibor（上海银行间同业拆放利率）机制未来也可能遭遇同样的质疑。另一种是由美国联邦基金利率引导的市场利率体系。美国公司直接融资比例较大，美联储的基准利率调整可直接影响市场利率，并引导资源配置。

对于国内来说，不论采取哪类体系，都需要首先界定被影响的利率是"交易价格"还是真正面向实体经济配置资源的一级发行市场形成的利率。国内公司间接融资比重较大，以再贴现利率作为窗口指导性利率来引导银行系统的信贷利率，然后通过公开市场操作进行微调进而引导债券类产品的利率和价格，可能是比较合适的引导性基准利率的运行体制。

第五，合理的存款保险制度也至关重要。存贷款利率市场化，意味着整个银行体制发生了根本性的变化，利率波动将加大，银行经营风险加大，而且更重要的是，现在这样的由政府隐性全额担保银行存款、注资银行剥离坏账的机制将不复存在。如果存款保险制度不完善，或者采取账户实名制存款保险制度，可能会让所有的中小银行包括未来的民营银行遭遇破产风险。因为这样的话，存款可能会从小银行流向风险系数较小的大银行。因此，在放开存贷款利率特别是存款利率的同时，同步建设合理的存款保险制度是利率市场化最重要的配套基础设施建设之一。

第六，利率市场化后，利率波动加大，需要配套利率衍生工具对冲风险。金融机构利用衍生工具对冲的意识和能力需要加强，同时监管方面要防止利率衍生工具演变成纯粹的大规模的投机套利的交易工具，进而衍生新的金融风险。按照“一价理论”，投机套利活动应该在价格均衡后停止。

注册制能让市场配置发挥决定性作用

为了落实十八届三中全会的部署，证监会已明确表示，未来将从三个方面推进注册制改革，落实以信息披露为核心的“注册制”，把监管执法作为市场化改革的法制保障，推动监管转型，向市场化、法治化方向发展。在笔者看来，从“审核制”向“注册制”改变，是发挥市场配置资源“决定性作用”的重要制度性改革之一，IPO（首次公开募股，initial public offerings）发行体制的这一重大改变，将带来中国证券市场的重大制度性变革。

可以说，“注册制”的改革，既是市场化的过程，也是监管转变的过程，更是法制完善的过程。

首先，“审核制”向“注册制”转变是厘清市场与政府的界限。审核制“审”什么？审准上市公司是“好公司”还是“坏公司”。通过审核的公司，实际上是被政府“背了书”、“增了信”；而事实上公司的品质如何，可不可以承受风险，要不要投资，本该由投资者决定，而不是由政府“审定”。审核制下政府“为”了“不该为”的事，结果使投资者不为自己的行为承担风险，给政府造成了很大的被动，也无法发挥市场配置资源的作用。注册制当然也要“审”，不过不是“审”公司的优劣，而是“审”信息的披露是否充分，“审”各项指标是否达到“标准”。至于公司什么时候挂牌，是否能实现融资目标，则交由市场决定，发挥市场配置资源的“决定性”作用。

其次，发行体制向注册制转变，势必有许多“存量”制度需要完善，许多“增量”制度需要建立。但是，并非“不审核”就是市场化发行，“市场化”绝非放任自流。严格来说，市场经济是 “规则”经济或者“法治”经济。不审核的前提，是基本的法规到位，市场秩序更加公开、公平、公正，各方面损人利己的行为和活动受到了严格限制，有利于各方面对市场建设和发展发挥积极作用。制度的完善，包括“存量”问题，如发行价格形成过程中的串谋、高管辞职套现、数据造假包装上市、退市制度名存实亡、巨额超募资金违规转移用途等。还要解决“不审”制度下可能出现的新的问题，比如成千上万的公司争相上市，加剧资本市场劣币驱良币的态势，恶化了上市公司质量，加剧投机行为，从根本上动摇了资本市场发展基础等。因此，“注册制”的市场化改革是一项系统工程，不是简单的“不审核”就可以完成的。

针对“不审核”可能带来的新老问题，笔者认为有几项重要规则必须加强。

第一，加大对违法违规行为的惩罚力度，重罚在上市过程中参与业绩造假，做假账、隐瞒风险的会计师事务所、律师事务所及保荐承销人。凡是有造假记录的中介公司，至少关闭五年不能重新开张，参与造假活动的个人则五年不能参与任何中介公司的工作，问题严重的甚至终身禁入，而且终身记录在案。对串谋定价的机构，性质严重的要取消询价资格和一级市场申购的资格。对于造假上市的公司，香港的惩罚力度非常大，包括市场价回购股份、勒令退市，甚至起诉。笔者认为，沪深股市完全可以借鉴相关的做法。

高管辞职套现虽然引起公愤，可目前还没有法律规则能有效阻止这类行为。当年美国国际集团理直气壮发放奖金的事件几近人神共愤，最后解决的方式是美国国会专门针对美国国际集团高管们的“奖金”课以 90%以上重税的提案重新立法，最终迫使美国国际集团的高管们放弃了奖金。所以，要阻止高管辞职套现的行为，建立对套现资金课以90%以上重税的规定，应该是比较有效的措施。

第二，完善退市制度，加大退市的力度。在沪深股市，上市公司上市第一年增长、第二年下滑、第三年亏损的现象已不稀奇。这类公司创业板和中小板较多，问题就更加突出。审核制的初衷之一，就是试图保证上市公司的质量和投资价值，这个目标显然没能实现。如果取消审核的程序，众多公司将蜂拥而上，可能会加剧资本市场鱼龙混杂的乱象。对此，最有效的解决之道，就是严格退市制度；否则资本市场充斥绩劣股、问题股，资源优化配置将无从谈起，资本市场发展的基础也将荡然无存。所以，退市制度应是实施“注册制”最重要的制度建设之一，也是资本市场法治化最基础的制度之一。

第三，加快完善证券民事诉讼赔偿制度。成熟的证券市场普遍秉持一个“欺诈市场理论”，即不管投资人是否看到研究报告和信息披露资料，只要受到了损失，且当事人存在操纵等欺诈行为，就认定当事人欺诈了证券市场，因果关系成立。我国的《证券法》条例解读和最高法院发布的关于虚假陈述的司法解释，已经解决了证券欺诈行为的因果关系推定、举证责任倒置、投资者损失赔偿的计算等问题。但在司法实践中，一些法院的判决往往不认定上述情况存在因果关系，对打击市场欺诈行为产生了负面作用。司法实践应该严格按照法律法规做出判决，对不严格执法的法律机构要追究责任，必须严格执行三中全会《决定》关于改革司法执法制度、保障社会公平正义的决定。同时，还需大幅提高行政罚款的数额，对投资者赔偿做出具体规定，剩余部分划入证券市场稳定基金。集团诉讼是美国安然公司最终被撕下“大骗子”的面具而轰然倒下的最致命的一步棋。这是发挥和强化投资者市场监督力量的一种模式。完善中国资本市场的集团诉讼制度，加紧培育专门承担集团诉讼的法律事务所，应该成为最重要的步骤之一。

第四，还需特别提出的是，应该培养中国资本市场的“浑水”公司。中介与上市公司串谋造假是因为他们是利益共同体，而“浑水”这样的公司则完全是逆向行为，唯恐没有造假不能赚钱，有巨大的动力去发现并揭露造假公司通过买空卖空赚钱的行为，客观上起到了市场监督的作用。“浑水”公司固然是中国概念股在纳斯达克市场遭遇“滑铁卢”的“罪魁祸首”，但若换个角度看，“浑水”公司客观上也承担了资本市场“清道夫”的角色，在扫除垃圾股的同时，把所有相关的中介公司也一并推上了审判台。不妨这样说，中国资本市场太需要“浑水”这样的“清道夫”了。“注册制”以信息披露为核心，必将带来证券市场规模的迅速扩大，监管部门必须借助市场各方面的力量来监督信息披露，才能最大限度保障市场发展过程中的公平和正义。

IPO改革成功还需一个充分必要条件

2013年11月30日中国证监会发布的《关于进一步推进新股发行体制改革的意见》(以下简称《意见》),从审核制向注册制转变入手,开启了我国资本市场以制度建设为目标的体制性改革,这应该说抓住了关键。

不过,笔者认为,要真正解决我国资本市场始终存在的诸如爆炒新股、高发行价、高募集资金等"顽疾",《意见》还有必要进一步完善。2013年12月初,两市开盘急挫,说明市场参与主体对《意见》带来的制度性变革还"未来得及"消化和深刻全面理解,更没有"来得及"转变观念去适应新制度变革。他们对审核制向注册制转变可能带来的IPO市场的变化并没有给予足够关注,还停留在IPO带来扩容市值下降因此提前抛售的"习惯性"思维中,致使《意见》成了市场的利空。所以,资本市场的参与主体能否进一步完整理解《意见》对未来发行体制的影响,并且迅速在观念和行为上做出调整,也是未来市场化改革成败的关键。如果市场参与主体的观念不及时更新,今年1月IPO已经重启后,《意见》所要推动的市场化改革就难有预期的效果。

《意见》首先需要进一步完善的是关于退市的规定。虽然对于发行人的造假欺诈行为,《意见》已经有了相应的赔偿规定,可并未提及退市安排。这样的威慑力是不够的,造假上市的公司留在市场上,只会加剧投机炒作行为,并加剧市场的无序状态，对于法制化、规范化的市场建设非常不利。退市制度不妨采取“新事新办旧事缓办”的方式。对于发行人回购发行股份的价格应有明确规定。造假造成股价下跌，须以发行价回购，或按市价回购，超出市价部分交付投资者管理基金。违法成本大于非法所得，该是确定回购价格的基本原则，不然不仅对效仿者失去威慑作用，对投资者更不公平。对信息披露不足与造假欺诈的认定，也须有明确界定。信息披露不足以违规处理，造假欺诈则是违法，模糊这两者的关系，将给相关责任人逃避应有的惩罚甚至法律制裁留下可乘之机。

集团诉讼制度和辩方举证制度也应尽快完善。集团诉讼是投资者保护自身权益的集体行动。沪深股市一向以个人投资者为主，而个人投资者是信息对称的弱势群体，集体行动应该是他们保护自身权益的有效方式。因此，从某种意义上说，集团诉讼有利于提高投资者的自律意识。集团诉讼制度会促使个人投资者特别关注发行人的动态，这样就有足够的动力去监督发行人的不法行为，客观上会大幅减少盲目的从众行为，比如炒新股。而且集团诉讼的整个程序、过程和时间，也是在为投机行为付出代价：与其费时费力最后打官司，还不如开始就做好功课理性投资，这大有利于扭转“爆炒新股”及其他投机性的扭曲行为。

除了革除发行人与投资者之间天然的信息不对称弊端之外，辩方举证制度也有利于提高发行人自律。辩方举证要求遭遇造假欺诈诉讼的发行人为自己找到无罪证据以洗脱罪名，如不能自我举证就罪名成立。这一制度自然会对发行人的行为产生严格约束作用，特别是犯罪成本超过非法所得的惩罚，将使发行人的自律性被动提高。

目前，认为超募资金是市场行为不该监管的声音主要来自发行人的利益相关主体。因为制度不完善和太多的非理性行为，超募资金并非合理的市场行为。而且，超募资金无序使用破坏了市场秩序。所以，必须加强和完善对超募资金的管理。笔者建议，在证券业协会下设立一个管理超募资金的专项基金，发行人合理规模的募集资金投资计划项目完成以后，如有新的发展规划，可再次提出募集申请，完成上市募集程序，但不需要上市募集，可从专项基金“募集”。这符合资源优化配置的原则，也是对投资者利益最切实的保护，也可减少不择手段超募资金的违规行为。

当然，投资人的观念转变，也是新股发行制度改革成功的关键。《意见》明确提出，发行体制将开启从审核制向注册制过渡的制度变革。这一体制转变带来的最大不同在于，审核制将向以强化信息披露监督为中心的发行制度过渡。监管机构将不再对上市企业进行实质性的审核，以避免政府的公信为企业信用背书。监管理念改变，监管资源自然也该重新配置。换句话说，通过了发审委的审查，并不意味着准上市公司未来就有赢利能力和发展潜力。这提醒投资人，实行注册制后，过去那种闭着眼睛炒新股也能赚钱的“好事”就成为过去时了。发行人的赢利能力和投资价值必须由投资者独立去判断，上市公司存在的经营风险也必须由投资者根据自己的承受能力仔细评估，这决定了投资者必须在充分对称各类信息后才能做出投资决定。

原则上来说，如果市场上的大多数投资者都能“独立判断”，不受其他信息的干扰，新股发行市场就会分化，像过去那样凡新股必炒的从众现象就将成为历史。好公司投资者会蜂拥而来，差公司投资人将纷纷远离。资源市场优化配置的效果就会显现。更多的“独立”决策和投资行为会使新股信息的维度更多更对称，反映在股价上就会更合理。伴随个体投资人“独立判断”水平的提升，整体市场的有效性也将大幅提高。

不过审核制向注册制转变要获得上述效果，还有一个充分必要条件：不论是机构投资者还是个人投资者，都必须完整认识审核制与注册制的本质不同及其市场影响，并改变过去的思维方式和行为方式。看前一段时期的大盘走势图，沪深股市无疑仍是被从众行为所支配的市场，市场参与者的观念和行为还停留在过去，或者说他们对新股发行制度改革可能带来的更市场化的角色定位还缺乏应有的认识，更不要说在行为上做转变的准备。

观念转换，绝非一日之功。只是，从监管的角度看，似乎应该给出由审核制向注册制过渡的准确时间表。最关键的是能够给出清晰的注册制程序，以及充分信息披露的标准。什么时候注册制在沪深股市具有可操作性了，改革从程序上就完成了。

服务实体经济乃金融之本

金融就是价值的流通。离开了价值流通，金融就成为“一潭死水”，价值就无法转换。价值无法转换，经济就无法运转。从这个意义上讲，服务于实体经济，是金融的本分。各类危机，包括“钱荒”事件，都是因为金融脱离了实体经济所导致的。所以，政府当局应当通过各种政策措施引导和监督金融为实体经济服务。

2013 年 6 月 19 日，国务院总理李克强主持召开国务院常务会议，研究部署了金融支持经济结构调整和转型升级的八条政策措施。我们理解八条措施释放出两方面的信息：第一，强调金融业应该围绕实体经济进行服务，而不是鼓励金融业独立，自我膨胀；第二，细化了金融为实体经济服务的途径和方式，在某些方面有新的思路。

首先，强调了金融行业在经济中的“定位”应该是一个为实体经济服务的中介角色，指出金融和实体经济密不可分。稳增长、调结构、促转型、惠民生，金融发挥着重要作用。强调“逐步有序不停顿地推进改革，优化金融资源配置，用好增量、盘活存量，更有力地支持经济转型升级，更好地服务实体经济”。反复提到这一点，与金融业为实体经济服务的重要性有关，也与金融业喧宾夺主的发展态势有关。

目前，金融业的运作思路似乎有更多把自己当作一个赢利主体而不是中介服务的倾向，甚至通过自我膨胀，追求利益最大化而不惜冒风险。比如银行系统，近几年迅速膨胀的近十万亿银行理财产品与房地产价格居高不下，如果没有银行资金支持是不可能的，地方的融资平台融资渠道基本来自银行，这些高风险领域累积了很大的潜在金融风险，其主要原因是银行已经把自己的角色定位从中介“转型”为赢利主体。

银行一方面通过扩大信贷规模获取高利差收益；另一方面发展理财产品拓展非利息业务，在实现自身利益最大化的同时实现角色的转型，而不是通过服务实体企业获取合理的收益，更没有在支持经济转型和产业升级上下功夫。

资本市场通过制度改革促进上市公司及经济发展，同时活跃市场交易直接从中获利，这两方面的努力相比，后者较前者改变更大更明显。

金融业的这种角色转变带来巨大的问题。本来作为金融中介，其主要职能是为有钱的投资人与有融资需求的实体企业搭桥牵线。资本市场是通过充分对称信息，让投资人对企业充分了解，从而把资金投向最有成长性的企业，实现资源的优化配置并获取未来的高回报。银行则是通过存款资金对企业的信贷，支持企业的发展，同时收取企业的资金成本作为存款人的利息以及银行自己进行资金管理的成本回报，这个过程实现了资源的优化配置。

但是，当金融机构成为赢利主体以后，从资金的提供者变身为资金的占用者。金融机构在资本市场和债券市场大规模融资和再融资，在短期货币市场上也是拆借主体，如果银行间市场隔夜拆借利率大幅飙升，就说明短期资金需求很高。银行间拆借主体都是金融机构，银行是最大的资金拆借需求者，因为借进太多借出太少，利率才会飙升。

值得提出的问题是，2013 年 1~5 月，反映货币供应量的重要指标M2 平均增长超过 15.8%，第一季度经济增长 7.7%，加上 2%的平减指数，实体经济运行所需要的货币需求增长不到 10%，大量小微企业资金周转的困难并没有从宽松的货币供应中得到缓解，超出近 6 个百分点的货币供应量流向了哪里？银行间市场资金短缺“缺”在何处？

如果像报道说的那样，银行间的资金拆借是在为所谓理财产品和表外运作信贷产品的到期还款资金拆东墙补西墙，或者是为某些金融产品配置的杠杆资金，那么金融业本身的资金需求是这次银行间市场利率飙升的主要原因，与实体经济资金需求无关。金融机构自我膨胀占用了大量资金，必然挤占实体经济特别是小微企业的资金需求。所以，金融为实体经济服务首先不能自我膨胀，回归资金提供者和信息对称者的角色。只有改变资金被金融机构大量占用的状态，才能谈“为实体经济服务”。

八条政策措施还提到严密防范风险。从“加强信用体系的建设，排查和化解各类风险隐患，提高监管有效性，严守不发生系统性区域性金融风险的底线”的提法中，我们理解金融体系的风险是最大的风险。金融机构的自我膨胀又是系统风险最大的制造者，因为，金融业自我膨胀过程是有杠杆效应的，放大资金规模就是放大风险。银行间拆借就像 5 个盖子 10 个锅的状态，揭开这个盖子盖住那个锅，到了“捂”不过来的那一天，金融危机就不可避免了。

如果资产证券化大规模推出，金融机构的信贷、租赁资产都可以被证券化“出去”，金融机构只要反复操作“证券化”过程，就可以不断占用社会资金，那么，所谓资本金的风险防范约束也就名存实亡了。所以，要守住风险底线，金融机构自我膨胀的发展态势要有所收敛。专门强调“把稳健的货币政策坚持住”，在一定程度上回应“货币宽松”被挟持谣言的同时，客观上起到了不支持银行大规模占用资金和无限挑战风险底线行为的作用。

其次，细化了金融为实体经济服务的方式，使其更具可操作性，其中几个方面的措施较过去的思路更清晰。比如，鼓励民间资本参与金融机构重组改造，探索设立民间资本发起的自担风险的民营银行和金融租赁公司、金融消费公司，进一步发挥民间资本在村镇银行改革发展中的作用。设立“民间资本发起的自担风险的民营银行”是一个新提法。这是不是意味着中央尝试建立没有存款保险做后盾的民营银行或是乡村银行，并不再要求必须由一家持有15%股份的大银行作为相对控股股东？

事实上，民营银行可能获得了新的发展空间。让民间资本参与金融机构改造，对经济有两个意义。第一，这是一种盘活“民间资金”存量的方式。中国经济不差钱。41万亿的居民存款余额，如果不能很好地转化为投资，既是一种浪费，也是一个巨大的潜在风险。第二，也是为以国有股份为主的金融业引入了一股新的竞争力量，而加大金融业的竞争性有利于提升经济服务效率。不过，民间资本太分散，如何让其形成合力，参与大资本金融机构的重组改造，还需要一些制度性的突破，比如民间资金集聚与非法集资的界定等。

另外，创新外汇储备运用，拓展外汇储备委托贷款平台和商业银行转贷款渠道，推进个人对外直接投资试点工作。这是一项新的措施，外汇储备委托贷款平台和商业银行转贷款渠道是国家外汇管理局开始推动的一项支持企业对外投资的举措，即增加了国家外汇管理局外汇管理的方式，也方便了企业对外投资的外汇需求；因为转贷款利率可能要高一点。个人对外直接投资试点是另一个新思路。

不过不太明确的是，这里的“直接投资”可能不是投资实体经济中的“直接投资”概念，因为直接投资一般是企业行为。所以，我们将其理解为是个人对外部证券市场的投资行为。过去，个人必须通过QDII（qualified domestic institutional investor，允许境内机构投资境外资本市场有价证券投资业务的一项制度安排）才能对外投资，新的试点可能让中国特色的“散户投资”在境外证券市场上一展风采。不过，个人境外投资关系到人民币资本项下可兑换的程度，所以这一试点更大的背景关乎人民币可兑换的时间表和路线图。这里面还可能掺入“个人人民币境外证券投资”的内容。这项试点无疑会对国内资本市场产生影响。由于对境外市场不熟悉，个人对境外证券市场投资承受的风险可能更大。

温州高利贷解决方式必须“下不为例”

温州高利贷老板跑路风险，在温州市政府向浙江省政府提交《关于要求申请金融稳定再贷款的请示》，由省政府出面向人民银行申请金融稳定再贷款600亿元，专门用于支持温州银行机构增加对困难企业的融资规模，以防止发生系统性风险，维护地方金融稳定，以及要求银行采取“三严五禁”和银监会允许银行发放金融债券等一系列拯救措施出台后，有了平缓的态势。

我们认为，由政府出面拯救高利贷一定要“下不为例”。

高利贷行为在中国目前的法律框架下是违法行为，对于违法违规行为的惩罚应该同步于对其的必要救助。无视资本的贪婪属性，而对高利贷行为网开一面，可能会进一步放纵资本的贪婪，使高风险高收益行为给经济金融形势带来更大的不稳定，而且破坏了法律法规本应具备的至高无上权威性。

轻易救助高利贷的行为也会带来严重的道德风险。高风险金融行为如果做大，在发生风险时为了防止其倒闭政府就一定会出手，从而使得高风险活动被无所顾忌地效仿，更肆无忌惮地泛滥，这将可能把中国经济拖入金融危机的泥潭。这次美国引发的对全球经济危机的救助，可能带来更大的对华尔街资本行为道德风险的质疑。

我们认为，“温州救助”绝对不能成为效仿案例。在基本法律法规没有改变之前，要对民间集资者的不法行为进行明确惩罚并做刑法规定，对于贪婪追逐高收益的资金要遵循股市风险自负的基本原则，使得温州这样的高利贷危机不再出现或者少出现。如果再发生这样的恶性事件，也一定不能手软，要坚决打击而不是救助。不能让过度投机活动挟持政策。

从长期来说，民间金融阳光化应该是方向。对于民间金融的未来发展要注意以下几个问题。

首先，民间金融阳光化需要制度安排。实际上，民间金融并不是完全没有开放。至少从 2008 年危机以来，为了缓解中小企业贷款难的困局，我国放行了小额金融公司的试点，至今，小额金融公司在全国已经发展达到 3700 多家，温州也有不少小额信贷公司以及注册为投资公司的民间信贷机构。按照中国人民银行温州支行的评估，温州相关信贷机构的资金规模超过 1100 亿。如果这些民间信贷机构，都按照设立的初衷，给中小企业以贷款支持，温州的中小企业怎么会有信贷难的问题？如果这些资金进入实体经济和主营业务运营，资金链断裂的问题怎么会如此严重，怎么会出现老板跑路？

我们还有一个担心，即如果不认真界定中小企业资金链断裂的真实原因，不正视一些高利贷融资背后的产业空心化风险，不对过度货币投机行为进行必要的打击，不但救助资金可能会救了不应该救的事情，比如说房地产和其他投机行为，还可能积累更大的资产泡沫，让调控政策前功尽弃，引发更大的风险甚至危机。

我们认为，推动民间金融进一步阳光化无疑是未来的方向。但是必须首先完善两件事情。

第一，对当前全国已经超过 3700 家的小额信贷金融公司开展检查和筛选。对于严格按照试点初衷，真正为当地小企业开展小额信贷活动规范运作的试点公司，比如上海松江骏合小额贷款股份有限公司，给予银行再贷款扩大公司信贷规模的新的政策，支持他们扩大规模、降低利率，更务实地为小企业提供信贷服务。为鼓励小额信贷公司规范运作，也要开放式地允许优秀的小额信贷公司将来升级成为浙江泰隆那样的社区银行。这些银行以及小额信贷公司的试点推广和发展，一定是以为小企业提供金融服务为基本目标的。对于那些运作不规范的试点公司，应该尽早处理免留后患。民间金融的发展也需要优胜劣汰，阳光化不等于随心所欲。

第二，明确监管机构，制定监管规则。按照现行的管理架构，民间小额信贷公司不由银监会监管，而由地方政府金融办行使管理职能。这里很大的弊病在于，金融办不是专业金融监管机构，未必具备金融监管的基本能力和手段。另外，金融办是地方政府的办事机构，从生产总值增长和融资投资的角度，可能有推动民间金融公司扩张的冲动，而严重缺乏审慎监管的动力。实际上，从民间小额金融公司以及其他冠以投资公司的民间金融机构的以信贷为主的金融活动来看，金融办应该属于银监会的监管范围。如果把监管职能交给地方金融办，银监会有责任帮助地方金融办明确民间金融的风险，制定相关监管规则，培训监管人员，建立监管机制，使监管与民间金融阳光化同步。

也有观点认为，民间金融监管成本太高，只要风险自负就不必使用纳税人的钱来实施大规模监管。这就回到关于道德风险的讨论。如果民间资本非常清楚政府“太大不能倒”的恐惧，那么，他们只要把高风险的信贷规模膨胀到足够可能产生系统风险，资本的风险就可能由政府或者说政府动用纳税人的钱来埋单了。所以，对民间金融活动或者说非正规金融活动一定要建立和健全必要的监管和法律法规。随着民间金融的阳光化，相信其监管成本会比对地下民间金融的监管成本要低得多。某种意义上，地下民间金融有管不胜管之虞。

只有这样，才能建立和培养起一大批真正意义上像国内唯一试点民营银行——浙江泰隆银行以及小额金融信贷公司上海松江骏合小额贷款股份有限公司那样的草根金融机构，才能真正创造从风险管理、信用管理到信贷管理的一套非常实用的小企业信贷模式。真正按照民间金融机构试点的初衷，为其所在社区范围内银行不愿涉足的小型和微型企业提供信贷支持，帮助对实体经济有贡献的小企业生存和发展，只有这样，才能真正解决小微企业的贷款难题。

遏制高利贷泛滥还必须进行大中型银行经营模式的改革和完善。大中型银行的盲目信贷扩张模式助推了民间高利贷的膨胀。中国经济保持在 9% 的增长水平上，在这样增长水平上的优质投资项目增长应该是与增长水平相匹配的。但是，如前文提到过的那样，我国银行的利润增长目标被定在 40%~60% 的水平，在如此高的增长目标没有足够的优质投资项目提供来保证实现的情况下，银行有很大的冲动对大企业提供超过投融资需求的信贷规模。从成本管理的角度，超出需求的信贷规模就成为大企业采用更高利息进行放贷的借口，银行资金转手提供了高利贷的资金来源，正好满足了民间借贷的资金需求。银监会数据显示，银行资金通过各种方式，如银行员工信贷转手、担保公司的杠杆担保借贷，以及超需求的大企业信贷等变身为民间借贷资金的金融资本达 3 万亿元之巨。

银行资金被套出，变身民间资金，制造高利贷风险，这与银行的高利润目标直接相关，也与银行以扩张信贷规模获取利差收益为主的经营模式相关。如果不从改变银行利润的增长方式着手，银行的盲目信贷规模扩张将成为中国金融风险的巨大隐患。比如，近年来地方政府融资平台的巨大银行信贷风险，银行大规模发行理财产品变相揽存制造更高的存贷比，为信贷规模不断扩大规避监管底线，以及这次高利贷背后的巨额银行资金，都正在积累巨大的银行系统性风险。遏制高利贷风险需要从遏制银行的盲目信贷扩张着手。

如果能够遵循经济规律，保持与经济增长一致的信贷规模扩张，银行体系根本不会缺少资金，如果银行把为了规避存贷比的约束条件而表外操作的理财产品通过信托转化为本应被限制的房地产信贷，或者将投资短期收益较高的货币产品的资金转化为小企业信贷，把超出投资需求的对大企业的信贷资金转化为对小企业的贷款，那么即使不发金融债，不增加信贷额度，银行也不会缺少解决小企业周转问题需求的区区数千亿元信贷资金。

现阶段，小企业贷款难的问题也不能一概而论。中小企业的发展有其规律，不能像上市公司那样只生不死。中国经济进入劳动力比较优势逐渐下降，也就是劳动力成本不断提高的阶段，为了资源的优化配置，要素价格机制的市场化改革势在必行；加上国际大宗商品和原材料价格的不断攀升，这意味着，中国低端制造业依靠低成本优势发展的模式可能走到了拐点。一部分小型企业，如果没有成本上升的空间就失去了竞争力。按照经济规律，这部分企业退出市场是一种必然。劳动力市场求大于供且没有就业压力的时期，是产业转换的最佳时机。当前，一批没有竞争力的低端企业退出，在这个基础上，集中精力扶持一批在新层次上的高端制造业或者服务型企业发展，能够成功实现经济的战略性转型。

有一个观念也需要改变，即企业转型不一定是原有企业的升级换代，而完全可以是一批旧企业的退出、一批全新企业的诞生，而且这种转型方式可能更有活力。“逼”旧的企业转型是很困难的，新一代企业家携全新的理念和产业结构取代或者淘汰原来的企业和产业结构，可能是更有效更成功的转型方式。所以，“一刀切”不加区别地扶持小型和微型企业，是不科学的，操作不好还会增加“十二五”规划提出的转型战略的阻力。

像中国台湾那样由当局出面建立中小企业银行也是一个解决小企业贷款难的方式。

以龙头企业为担保，为其卫星企业提供信贷支持也是一个值得尝试的模式。比如，在牛奶产业链上，蒙牛或者伊利作为行业的龙头，为比较分散的小规模奶牛养殖农户或者小型养殖企业提供信贷担保，由银行信贷支持饲料、防疫、优良品种的培育以及养殖环境的改善等方面所需资金，所产牛奶由龙头企业收购。这样可以保证养殖者牛奶产销的稳定性和收入的稳定性并降低他们的还款风险。很多行业都可以采取这种龙头企业与小企业一起发展的模式。

温州的高利贷风险揭示出中国中小企业贷款难并不是因为资金短缺，高利贷问题和中小企业贷款难问题其实是一个问题的两个方面。如果能够进行垄断行业的改革，就能引导民间资金流入实体经济分享高垄断利润，从而他们就不会冒风险进行高利贷活动。如果能够改革银行盲目扩张的经营模式，银行必然会把扩大小微企业的信贷业务作为“蓝海”战略来发展。如果银行资金不转弯抹角流入房地产市场，房价得到合理的调整，民间资金就没有了以房屋差价高收益发放高利贷的基础，从而也会部分回归仍然能够获取平均收益的小微企业。最终，解决高利贷和中小企业贷款难的问题也必须以结构调整为主线，以体制改革为前提。

八问温州金融综合改革

温州金融综合改革12条改革意见拉开了金融对内开放的改革试点帷幕。启动金融改革试点，再次引发了对放松金融领域管制打破垄断、小贷公司升格村镇银行、民间金融阳光化、小微企业融资难、开放个人海外投资等问题的讨论。我们认为，要使综合改革沿着正确安全的方向达到预期目标，需要对民间金融的现状和相关问题有更进一步的认识，从而避免因为一些认识上的误区使改革走更大的弯路和付出不必要的代价。

一问：民间资本的金融活动受到过于严格的管制吗？

自2008年危机以来，为了支持中小企业的融资和应对生存危机，银监会发文要求开展小额信贷公司的试点，基本原则是一县一个，后来为了加大竞争性扩至一县两个，资本金是5000万元到1亿元人民币，而实际上很多小额信贷公司超过了这个资本金规模。全国有2000多个县，到2011年年底，全国小额信贷公司已经超过4000家，温州地区就有27家，总金额达数千亿元。如果加上担保公司、投资公司等各类股权投资基金以及一些专事买空卖空的贸易公司，中国民间性质的金融投资类公司超过万家，资金总额达数万亿元。如此巨大的资金规模，数以万计的公司，国内民间金融活动的活跃程度可见一斑。从这个意义上说，中国民间金融受到严格管制的说法并不准确。特别是温州综合试点明确了地方政府的民间非银行金融机构的管辖权，包括审批和监管，为地方政府通过民间资本赚钱，把金融业作为一个独立行业来打造提供了空间。很多地方已经雄心勃勃地把未来金融业独立发展的目标定在占当地生产总值 30% 的水平。也就是说，未来政府通过虚拟经济制造生产总值增长来实现业绩成长的偏好，将使民间资本在虚拟经济中有更大的施展空间。所以，自 2008 年为应对危机开展民间小额信贷公司试点以来，民间资本的投资活动基本上是开放的。民间资本金融活动的综合改革可能不是放松管制就可以解决，如何规范民间金融活动以避免金融乱象可能是未来制度建设的重要部分。

二问：民间资本的金融活动没有受到管制吗？

当然不是。民间资本需要突破的管制是进入银行业，成立真正意义上的民营银行。现在，国内的五大全国性银行都是由财政部和央行控股的，是名副其实的国有银行。股份制银行则基本上是以国有公司的股份为主，或者说是国有控股。地方商业银行则是以地方政府出资或者地方国企出资的形式为主，也仍然是国有性质。也有个别资本来自民间的银行，但其管理仍然保留体制内的特征而非市场化运作。像浙江泰隆银行这样真正由民间资本控股的民营银行全国不会超出五家。我国民间资本一直没有跨过可以吸储的银行金融活动的门槛。如果不能成立真正意义上的民营银行，国有银行在资金方面就处于垄断地位，银行的行为就决定资金配置。而在低效率和高利润的目标追求下，银行很难实现资源的优化配置。

三问：小额信贷公司升格为村镇银行是否就解除了民间资本进入银行业的管制？

从现在组建村镇银行的基本规定来看，村镇银行并非真正意义上的民营银行。按照现行村镇银行设立规则，首先要求必须有一家正式的银行（包括外资银行）有

20%的“相对控股”。也就是说，其他的民间资本都不能超过20%的比重，否则就不符合银行“相对控股”的规定。实际上，民营企业参股银行的民间资本活动早已存在，温州部分企业早就参股地方银行，有的甚至参股不止一家银行，这些参股行为并未受到明确的规定限制。但是，只要民间资本不能控股的限制不被打破，银行业的垄断就没有受到根本的挑战。实际上，判断一家银行是否是真正意义上的民营银行不完全取决于资本构成，更重要的是管理体制。由银行控股的村镇银行的金融活动和金融行为，必然受控股银行的行为准则和利益导向左右，这与原来的银行没有实质性的区别。从国内银行业的生态现状来看，仅就资本构成来说，也有所谓民营银行，但是从管理体制上来评价，其民营银行的性质很难被认同。在20%银行相对控股意义上的“升格”，无非是给了各类大银行一个更大的扩张空间，进一步扩大了银行业的垄断。民间资本在银行业的发展空间被挤占，民间资本进入银行业多了一道不可逾越的门槛。

当然，我们不认为所有的小额信贷公司都应该“升格”为由民间资本控股的民营银行。正相反，我们认为要非常谨慎，严格筛选。只有恪守本分、诚信守法，有审慎的内控机制、风险和信贷管理规范，真正在为小微企业服务的小额信贷公司，才具备“升格”的资格。对于那些“跑路”的、有借债不还记录的、套取银行资金发放高利贷的、经营“钱”赚“钱”生意的等采用急功近利投资方式，不具备银行业审慎经营的银行基因的各类小贷公司和投资公司，不能“升格”成民营银行。绝对不能在“放松管制”的掩护下，让不规范的小额信贷公司在扰乱民间借贷市场以后，再扰乱银行借贷市场，制造更大的金融不稳定甚至金融风险。

但是，如果将一些优秀的小额信贷公司“一刀切”成只能参股不能控股的村镇银行，也可能造成民间金融发展的障碍，扼杀中国金融领域最有生命力的竞争力量，贻误中国金融改革的时机。惯用的不加区别的“一刀切”做法，是最需要废除和突破的规则和管制。只要给优秀的民间金融机构一视同仁公平竞争的阳光政策，民间资本一定能够开辟出中国金融业的一片天地，中国一定能够诞生有国际竞争力的民营银行。

四问：存款保险制度适合国内以国有银行为主的银行生态吗？

存款保险是发达国家为防止银行破产造成存款人损失的一种政府担保行为，一般由银行缴纳一定的费用，万一银行破产清算，存款人可以得到一定数额的赔偿，如果存款数额超过赔偿额度则不被保护。中国银行业以国有银行为主，迄今为止，政府对于银行存款是全额担保的，银行坏账已经两次剥离，政府已经拯救了银行两次。只要预算软约束变相存在，大银行和国有银行根本没有参与存款保险的意愿，存款人也把银行存款视为无风险资产。

部分保险的存款保险制度可能让民营银行根本无法与大银行竞争。民营银行开始一定是小银行，小银行抗风险能力差。如果实施部分存款保险制度，会加大存款人对民营银行的不信任度，存款人更多会选择大银行而不会选择小银行，从而放大民营银行未来经营的风险，对民营银行的发展非常不利。

所以存款保险制度对以国有银行为主的国内银行业未必适用。特别是国内民营银行还未真正萌芽，存款保险制度可能让孕育中的民营银行胎死腹中也未可知。

五问：民间借贷恶性事件是金融垄断制度的原因吗？

浙江一些地方出现吴英案、立人集团债务危机这样的恶性事件。有些观点把这些事件的发生归咎为使民间信贷受到管制的金融垄断体制，认为“罪”在金融垄断，温州金融改革便是针对这类事件提出了放松金融管制的改革举措。这样的观点可能会把综合改革试点引入歧途。事实上，吴英等的集资以及借新债还旧债，甚至放高利贷、投机高风险期货交易等行为，并没有受到任何的管制。吴英等事件“罪”在欺诈，他们用不切实际的高收益集资，导致受骗人损失惨重，而欺诈是个人行为，不是管制导致的。在美国那样高度自由的金融体制下，也产生了麦道夫那样的庞氏大骗局。不论是什么样的金融制度，对于欺诈行为都是要绳之以法的。即使是美国的金融体制高度自由，麦道夫的庞氏骗局暴露后，也遭到终身监禁的无情判决。“庞氏骗局”之罪就在一个“骗”字。

吴英等构成犯罪的欺诈行为并非由当前信贷体制所逼，与信贷体制无关，更不能成为突破民间借贷困难的温州综合改革试点的模式。温州综合改革阳光化民间借贷活动，应该是让欺诈无处遁形而不是让欺诈行为合法化。温州改革一定要把搞活民间金融的活动与金融欺诈活动严格区分，让“体制”为欺诈行为脱罪会误导温州金融综合改革的方向。

要防止恶性事件发生，温州改革试点需要制定明确的民间融资活动的必要规则。如果民间融资活动出了问题要把握两点：第一，如果是非法融资包括集资欺诈行为出了问题，要追究监管机构失职之责，要对当事人依法处理；第二，如果是合法集资的行为出了问题则应该风险自负。当然，这并不意味着负债不还、诚信尽失的跑路行为就可以不被追究。

六问：温州综合金融改革试点是否意味着高利贷合法化？

有观点认为，高利贷是民间金融市场利率市场化的结果，温州金融改革试点应该纳入利率市场化的改革。温州改革放松管制是否意味着民间融资可以完全自主定价还不得而知，但是，温州高利贷现象是在一个信贷需求和供给十分扭曲的信贷市场上出现的，不能简单地认为是利率市场化的结果。

以投机套利活动为“主导”形成的任何价格都不应该被认定为是市场定价。比如，香港地区人民币不可交割远期市场上，既没有人民币的需求也不需要人民币的供给、割差用美元的套利活动对应的人民币汇率预期，不能被认定为是人民币均衡汇率受追捧；主要国际储备货币过度宽松，大规模流动性投机石油以及其他大宗商品，因此当前国际石油价格绝对不能被认定为是合理的市场价格。以“一价原理”为目标的套利活动是非常小规模的。

温州改革试点重在创造公平竞争的信贷市场，创造一个有法可依有法必守的信贷环境，在其他融资渠道逐渐得到相应改革之后，民间融资的高利率未必能长期存在。关于利率高低，只要民间融资没有出现暴力讨债的黑社会行为，不管债权人还是债务人遭遇损失，都属于周瑜打黄盖愿打愿挨，不必多管。不过，温州综合改革决不意味着充斥欺诈和暴力讨债等违法行为的扭曲的信贷关系中的 “高利贷”行为合法化。

在中国，直接融资并非主流融资方式，在民间借贷特别是对实体经济的融资还未成气候的情况下，由民间借贷行为形成的利率不足以冲击银行的非市场化利率而成为真正意义上的市场利率。只有当民间特别是市场直接融资成为投融资的主体，至少超过半壁江山时，才能有真正意义上的市场化利率，利率的形成机制才有市场化可言。推动民间融资市场的发展有利于推动直接融资市场的发展，有倒逼利率市场化的作用。

七问：综合民间融资改革是否使小微企业贷款难的问题迎刃而解？

温州综合金融改革是与小微企业贷款难的问题一起提出来的。小微企业贷款难的问题需要由草根金融来解决的思路是对的，但是把在温州试点的民间金融改革与解决小微企业贷款难的问题直接挂钩，可能只是过于一厢情愿的美好愿望。

有报道显示，2011 年，温州民间资金达到 1100 亿。温州民间借贷活动非常活跃，但是温州也是小微企业贷款难问题在全国范围内表现最突出的地区之一。这说明温州巨额民间资金并没有选择给小微企业贷款。甚至有些企业把自有资金投入到钱赚钱的高收益投资，企业的流动资金则找银行贷款。有报道称，浙江一跑路女老板使某企业家损失 6300 万元，但是该企业家不愿意报案，因为担心银行获悉其资金出现风险后不给他贷款。自己有 6300 万元去博弈高风险赚取高收益，而向银行贷较低利率成本的流动资金，出事后贷款不难就不正常了。这一类的企业贷款难问题是个伪问题。引导温州民间资金参与小微企业的经营活动必须要有非常务实的措施。

首先，大的经济环境中不能够存在泡沫经济和暴利行业。如果各行业能够通过公平竞争、优化资源配置，赚取社会平均利润，资金就会心平气和地去追逐平均利润。其次，要建设多层次的投融资市场。温州改革路线图中的重头戏是引导民间资金以股权的形式投资企业，从而实现对实体经济的投资。这个思路是正确的。但是，这种以股权形式投资企业的模式，要特别注意避免像当前这样大规模的“最后一公里”财务投资行为。已经有不少国内外的股权投资基金以股权投资的方式参与投资活动，不过，非常遗憾的是，一定数量上的这种“股权投资”都是上市前的财务投资，或者是离上市不远很快就可以套现退出的投资活动，对真正需要帮助的小微企业，这些基金则未必有兴趣。这样的“股权投资”仍然属于短线行为。

而真正需要帮助的小微企业是两类：一类是需要流动性资金的企业；另一类是需要扶持的处于创业型和创新型不同阶段的企业，中国参与第三次产业革命——数字化革命的主力军将可能在这类企业中产生。针对第一类企业的帮助建议是建立以小额信贷为主业的小型社区民营银行，或者是以政府为主有针对性地建立专门服务中小企业的中小企业银行，或者是由大银行强制性划出一定额度的资金，专门解决小微企业的流动性资金需求。流动性资金是不能依靠股权投资也不能依靠资本市场的直接融资来解决的。第二类企业的帮助问题，需要通过培养多层次的“投融资市场”来解决。企业需要有天使投资在其初始期进行扶持，需要有风险投资在其成长过渡阶段的支持，需要有股权投资基金在其价值培育和提升阶段的支持。温州金融改革应该着手吸引和打造真正意义上的天使，只有形成具有投资、风险投资和股权投资的多层次的投融资市场，才能推动不同阶段投资的专业化。换句话说，投资基金的投资领域不要太过多元化，专业化的投资才对企业有真实有效的帮助。以上市退出为目标的股权投资不是对实体经济的投资，还是属于类证券投资的范畴，笼统的“股权投资”很难改变当前温州金融投资的生态环境。

民间金融活动的阳光化改革与解决小微企业贷款难的问题并不必然直接相关，小微企业贷款难的“温州现象”需要通过务实的措施来进行引导。简单把温州改革与小微企业贷款难的问题联系起来，除了能够用冠冕堂皇的理由比较容易地争取到国家政策的倾斜以外，并不利于制定务实的改革措施。

八问：个人海外投资有什么风险？

个人海外投资也是温州金融试点内容之一。这既是一个对外开放的举措，也拓展了民间资金的投资渠道。个人投资海外最大的风险是信息不对称。如果是证券投资，换汇额度扩大可能是最大的变化，这一变化可能推动一直搁置的“港股直通车”。不过这部分的个人投资者有些已经是沙场老将了，特别是在香港地区市场上。因为内地属性的资金量较大，甚至出现让H股看A股脸色的时候。对于有意参与的新投资者，尽可能对称信息加大对市场的了解是必做的功课。如果是海外实体经济的投资，不论是收购兼并还是投资建厂，特别重要的是对投资地的文化风俗、法律法规、宗教信仰、市场特点等有充分的了解和深度的认识，还要选择合适的合作对象，否则失败的概率很大，这方面我们有很多教训。特别是通过抵押借款出国投资的个人投资者一定要量力而行，决不可有赌徒心态，否则可能倾家荡产。

下篇

洗牌之后，战略机遇浮出水面

- 告别国内生产总值崇拜，发展共享性经济
- 『大洗牌』带来哪些融资机遇？
- 『大洗牌』带来哪些投资机遇？

第七章

告别GDP崇拜，发展共享性经济

在讨论“十二五”规划前，中国领导人提出了“包容性增长”的发展思路。“包容性”增长的内涵是经济增长的“共享性”。在未来，共享性将成为中国经济最明确的发展目标。未来发展应该寻求经济与社会的可持续发展、协调发展，而不仅仅是侧重提高国民生产总值，关注其增长速度。希望通过国民收入的逐渐增加来改善弱势人群的生活水平是远远不能实现目标的。

GDP 增长不能取代经济发展，更不能取代社会整体发展。传统的经济增长与社会发展之间的关系需要彻底转变，真正有效的经济和社会发展是在保持经济增长的同时，带来社会的文明与进步；是经济增长的利益和好处，能够全面惠及整个社会和各层次的人群。

GDP发展目标可以下岗了

GDP一直是衡量"发展"的经济指标。长期以来，"只有经济发展了其他问题才能解决"的理论占主导地位，解决贫困、失业、收入分配差异等问题，使百姓们共享"经济增长"的成果与"经济增长"本身相比退居第二位。

理论上来说，经济增长可以产生"波及效应"来解决弱势群体问题和贫困问题。但大量的实践证明，"发展"的辐射效应并不是"自动"完成的。GDP增长和人均GDP增长并不意味着分配会随着总量的提升和人均水平的改变而"平均"提升，"发展"并不必然带来收入水平和生活水平的全面提升。

20世纪五六十年代，许多发展中国家达到联合国所规定的发展目标，但是这些国家大多数人民的生活水平并没有改变。经济学家们发现，过去实现经济增长的发展战略通常是以牺牲农业和农业发展为代价，强调迅速地工业化，由此带来高收入阶层产生在城市、贫困人口大多数在农村这样的经济发展不平衡问题。工业财富积累和生活水平的提高对落后农村的波及效应很不明显。

经济学家们开始反思"发展"的定义。"发展"不等同于"经济增长"，在追求经济不断增长的同时，应该把削减绝对贫困、缩小收入差距以及降低失业率考虑进去。

著名的发展经济学教授希尔斯（Dudley seers）先生，提出了"发展意义"这个基本问题。"一国发展方面的问题是：贫困情况怎样？失业的情况怎样？不平等的情况怎样？如果这三方面都显著地减少了，那么毫无疑问，该国处于发展阶段。如果这些中心问题中某一个或两个问题变得更糟了，尤其是如果这三个问题都变得更糟了，那么称这种情况为发展是会令人困惑的。”他说。

创业带动就业

创业带动就业的思想“创造”了“共享性”发展的新模式。

在经济高速增长的一段时间内，收入分配差异并不是一个重要的问题。但是，随着经济的不断增长，不但没有出现期望的“共享”效果，居民收入差距还有进一步拉大的迹象。单纯地追求经济增长，而不顾及其社会效果的增长模式带来越来越多的问题。

国际经验和我们自己的经历证明，经济增长与收入差距的关系并不是简单的正相关关系，不同的增长方式有不同的相关性。

联合国开发计划署的《人类发展报告——经济增长与人类发展》(1996 年版）指出，当前存在一些不可取的经济增长模式：没有就业机会增加的经济增长；仅使富裕人群受惠、导致贫富差距扩大的经济增长；缺少民众认同的不稳定的经济增长；过度破坏环境和浪费资源的经济增长。这些“不可取”的增长方式隐含着这样一个看法：经济增长方式的选择会带来不同的经济和社会后果。为了避免不利的经济与社会后果，经济增长方式的选择就变得非常重要。

创业带动就业是实现经济“共享性”发展的最佳方式。就业可以吸纳农村过剩劳动力和其他劳动人口，创造收入，而收入就是经济增长的利益分配。就业带来第一层次的收入分配形式，就业机会的增加和其他经济机会形式可以把经济增长的好处“逐渐扩散”给广大人民。就业推动经济增长，也为增长的经济和社会利益进行更广泛的第二次分配提供了必要的条件。

就业通过第一次分配直接增加个人收入，通过为第二次分配创造条件则可以增加弱势群体的收入水平，这会极大地推动投资及外需增长模式向消费的增长模式转移，对改善经济增长过程中的一系列不平衡现象，包括过度投资、贸易顺差过大、流动性过剩等矛盾，都有积极的效果。对由收入差距带来的社会问题，就业也是一个有效的解决方式。创业带来就业的增长方式，应该是在新的经济发展阶段实现“共享性”发展新目标的最佳选择。

“共享性”发展带来制度变革

“共享性”的发展必须是可持续的，经济的增长必须是稳定长期的。“共享性”发展这一发展观念上的革命性转变，要求制度性的同步变革，进一步释放生产力，推动经济的持续发展。

第一方面，首先，持续的“共享性”发展要求针对导致过度投资的资源配置的非市场化制度性原因进行改革。政府职能的转移是市场化配置资源的重要体制因素。因为政府职能和财政预算体制的问题，地方政府利用权力配置资源，最大化资源的收益，扭曲了市场各参与主体之间的关系，带来过度投资、产能过剩、低水平重复建设、不公平的招商引资政策等一系列问题。所以，政府职能的转移应大大促进市场化配置资源机制的完善，提升投资的有效性，实现“降低投入保持增长”的制度性贡献。

其次，对导致高贸易顺差及国内高“储蓄——投资”差异内部失衡的经济结构进行调整。一般来说，在“储蓄——投资”的差异和贸易顺差降低的同时，消费会相应增长，从而促进更多依靠内需而不是外需的经济增长，也同时推动投资增长和依赖外需增长的模式向消费增长模式转移。由国际收支不平衡和国内外经济失衡带来的国际国内矛盾，在经济结构的不断调整过程中会得到部分缓解，经济会更加稳定发展。

最后，“共享性”发展要求对收入分配的方式和社会保障体制做相应地完善。消费是经济增长的三大引擎之一，消费增长与收入增长密切相关。收入分配有三个层次：第一次收入分配是工资；第二次收入分配是转移支付；第三次收入分配来自社会的慈善捐助。根据边际收入倾向理论，改善低收入群体的工资收入对促进消费增长的作用比较明显。减少支出也是增加收入。所以，促进针对低收入群体的收入分配制度和包括低收入群体在内的社会保障体制完善，对促进消费增长有非常实质性的作用。

第二方面，“共享性”发展要求保护环境，使经济增长更具可持续性。

第三方面，科技创新、技术进步，包括技术效率的提升是促进经济持续增长的最主要因素。

“共享性”发展带来的制度性改革，一定能够像改革初期那样，依靠制度进步的“红利”，实现新的层次上“低投入持续增长”的经济增长。

美国新GDP统计方式是“新国标”

美国经济分析局（BEA）于2013年7月公布了第十四次对国民收入和产品账户（NIPAs）综合调查的初步结果，并进行了GDP统计方式的调整。此次调整将企业研发、娱乐文化支出以及退休金等指标并入到政府的统计数据中。很多分析认为，采取新的统计方式将使美国的经济总量增大3%，由此产生的直接效用无疑是提振了投资者的信心，对市场将是一个巨大鼓舞。按照这个分析，美国人是企图通过数字游戏来粉饰经济前景。笔者对这个分析不以为然。作为以“算计”别人为生的群体，全球投资人岂能那么容易被“算计”，而BEA是一批真正意义上的经济学家而不是市场分析师，笔者倾向于认为他们不是在刻意制造太平盛世，掩饰美国经济疲软的现状欺骗全世界。而且，按照新数据计算GDP增长还需要设置基期价格进行价格平减指数处理，2013年调整的基准为2007年数据，也就是说要考虑通胀因素，名义GDP增长的规模会扩大，实际GDP增长则未必会大幅调高。实际上，BEA每5年对NIPAs进行一次调整，本次调整是第十四次调整。因此，2013年的这次调整应该是一次正常调整制度安排。这次新的GDP统计方式要调整什么，如何调整，它将改变什么，对中国有什么影响，才是我们应该关心的问题。

美国为什么要采用新的GDP统计方式呢？用BEA的表述来回答这个问题，“是为了捕捉美国经济产出不断变化的性质”。GDP作为衡量经济状态最重要的指标一直受到诟病。因为这个数据主要是计算当年新增的产值和有市场交易价格的经济活动。很多自给自足的生产活动至今都没有被计算在内，更不要说幸福指数这样一些相对抽象的指标；而一些没有意义的活动却被计入GDP。所以GDP的核算不是一成不变的，是需要不断完善不断改变的。特别重要的是，不同的发展阶段和经济形态，其产业结构、企业活动和居民行为都不一样，这就决定企业的投资、居民消费活动以及政府的行为都会发生变化。GDP的国家会计核算方式不改变可能带来核算结果的巨大误差。

特别是对于发达经济体，在完成经济形态从劳动密集型转变为资本密集型以后，要相对准确地反映经济状态，GDP核算就必须随着新的经济形态转变而改变。这就是为什么美国的GDP核算方式已经经历了十三次调整。随着美国经济的基本形态进一步转变为技术密集型，特别是近年高科技的快速发展，产业结构、企业行为和消费者行为都有了不同于资本密集型形态的新的显著变化，所以美国第十四次GDP核算方式的调整也就有了某种必要性。

这次美国GDP的统计方式改变是一个基本计算方法的改变还是GDP计算的基本思路改变？我们认为，还是方式的改变而不是GDP计算体系的改变。也就是说，GDP的核算主体——居民、企业和政府仍然是经济活动的三大参与主体没有改变；GDP的国民经济会计基本计算的三大方法——生产法、支出法和收入法也没有改变。改变的是一些经济行为的定义，比如，苹果公司的研发创新和技术进步成为其核心竞争力。所以，研发投入成为公司未来成长性和产品增值的一部分，而不是简单的成本概念。因此，按照GDP的基本核算规则，把企业研发投入“计入”固定资产投资应该是合理的。有关娱乐、文学及艺术原创的支出也可以因同样的解释而被“计入”固定资产投入。这个统计思路符合三大驱动力表述的总需求计算GDP的基本思想。房屋交易时的多项税费包括律师费、中介费等，过去可能是以买卖双方的交易成本计算，如果换一个主体考虑，站在律师以及其他中介角色的角度，这也可以按照“收入”来计算，符合“收入法”的计算思路。至于养老金计划中的固定收益是指当年养老金已经“计入”GDP以后的增值部分，增量计入当期GDP也符合生产法的基本计算原理。

我们认为，在进入技术密集型经济形态和服务型产业得到长足发展以后，特别是近十年，在互联网技术快速发展的过程中，大量的“无形资产”没有被传统GDP计算方式充分“识别”。这次美国GDP核算方式的调整，主要是使“无形资产“固态化”和“有形化”。严格地说是统计范畴的扩大、量化概念的扩充，使原来的GDP计算体系能够体现新经济形态和新产业结构的特征，并能体现技术密集型企业对经济的贡献，使GDP能更真实准确地反映经济状态，而并没有改变GDP核算的基本规则。

美国这种GDP统计方式的改变对中国的国民经济统计计算有什么影响？这要看美国的这次改变是否是在国际计算规则之内，或者是否能变成国际计算规则。中国国家统计局官网资料显示，中国眼下采用的《中国国民经济核算体系（2002)》采纳了联合国1993年版《国民经济核算体系》（SNA）的基本核算原则、内容和方法，中国年度GDP计算体系与国际公认的计算体系是一致的。国家统计局表示中国将进一步完善GDP核算方法。

不过，联合国等国际组织已经修订形成了国民经济核算新的国际标准——2008年版SNA。美国经济分析局称，此次对NIPAs进行统计调整，是为了更好地配合2008年版SNA。这说明美国这次调整是在2008年版的SNA框架之内，不是美国“特立独行”的一家所为。因此对于中国来说，就不是考虑是否跟随美国的改变起舞，是否“被”美国改变的问题，而是如何尽快调整现在的统计体系，按照2008年版的SNA“新国标”体系统计核算GDP的问题。美国是率先调整的国家，从

2014 年起，欧盟国家也将调整GDP统计方式以符合SNA最新标准。国家统计局也已经表示将逐步按照 2008 年版SNA的要求对中国GDP核算制度方法进行修订。所以应该不存在“美国这次统计方式的调整造成中国与美国GDP不具可比性”的问题。

对于国内经济转型来说，把企业的研发投资“计入”固定资产投资，有利于激励重视生产总值增长的地方政府更有力地推动企业投资研发而不是简单地扩大规模生产，这对于我们的产品升级和企业转型无疑是一个正能量。

从大力提升“全要素生产率”出发

未来中国的经济增长将以发展方式转型为主题，结构调整为主线。发展方式是一个非常全面的概念，从经济增长角度讲，发展方式的转型就是增长方式的转型，是实现从投资增长为主向消费增长为主的转变。为更完备地阐述增长方式转型的概念，我们提出注重“全要素生产率”的增长模式。通过“全要素生产率”的增长推动经济增长——这一模式是比较理想的经济增长思路。“十二五”规划提出的转型战略，给“全要素生产率”增长的实现创造了很大的空间。

在新古典经济增长理论中，“全要素生产率”增长是产出增长率与各要素投入增长导致的产出增长率之差。换句话说，全要素生产率增长体现的是要素投入对产出增长贡献以外的、不能被要素投入解释的那一部分产出的增长，也就是著名的“索洛（Solow）残差”。

如果我们能扩大“索洛残差”的增长，就会增加非要素投入对经济增长的贡献，对依靠投资推动增长的依赖就会下降。而且完全可以在投资下降的同时，仍然保持经济增长。

“全要素生产率”增长对经济增长的贡献包括以下几个重要方面。

第一个方面，制度变革对经济增长的贡献。要改变目前这种以“高投入”为主的不可持续的经济增长模式，制度性进步应该有巨大的“红利”可图。

首先，我们能够针对导致过度投资的资源配置非市场化的制度性原因进行改革。支持经济增长的主要资源是资金、土地和劳动力，银行是配置资金资源的主要金融机构。但是，银行的以利差为主的经营模式和保护这种模式的各种制度，使银行不可能把资金优化配置到对经济贡献最大的经济主体中去。银行赢利模式的改变，通过多元收入结构来降低坏账，培养利率定价和防范风险的能力，是完善市场化配置资源机制，增加投资有效性的一个重要体制变革。

政府职能的转移是另一市场化配置资源的体制因素。因为政府职能和财政预算体制的原因，地方政府利用权力配置资源，特别是土地资源和地方国企的资金，以及通过银行资金支持地方生产总值增长。这些行为不但没有最大化资源的收益，反而扭曲了市场各参与主体之间的关系，带来过度投资、产能过剩、低水平重复建设、不公平的招商引资政策等一系列问题。所以，改革政府依靠权利配置资源的模式和相应的体制问题，应该能够大大促进市场化配置资源机制的完善，提升投资的有效性，实现“降低投入保持增长”的制度性贡献。

其次，对导致高贸易顺差及国内高“储蓄—投资”差异的内部失衡的经济结构进行调整。高贸易顺差带来的国际贸易摩擦和人民币升值压力，也是近年困扰中国经济发展的问题之一。事实上，经济学理论告诉我们，贸易的不平衡等于国内“储蓄—投资”的差异。外部的不平衡实际是内部的不平衡所致，解决经济失衡问题必须从内部结构调整入手。

如果我们转财政储蓄的投资为公共事业的支出，调整“储蓄—投资”结构，降低“储蓄—投资”差异，就可以改善国内外经济失衡的现状。如果政府储蓄能够投入到国内社会保障体系的建设，会降低国内居民的“风险储蓄”和“审慎储蓄”，加大当期最终消费。

从理论上来说，如果企业和居民行为也都能按照经济规律正常进行，调整“储蓄—投资”结构，缩小“储蓄—投资”差异，则最后会达到外贸平衡，进而达到国内“储蓄＝投资”的经济“充分就业”的理想的整体平衡。如果贸易顺差不断减少，不断向理想的贸易均衡状态收敛，相应的外汇积累速度就会明显放缓。一般来说，在“储蓄—投资”的差异减少和贸易顺差降低的同时，消费会相应增长，促进更多依靠内需而不是外需推动的经济增长，进而推动投资增长和依赖外需增长的模式向消费增长模式转移。由国际收支不平衡和国内外经济失衡带来的国际国内矛盾，在经济结构的不断调整过程中会得到部分缓解。

最后，对导致消费增长平缓的收入分配方式和社会保障体制做相应的改革和完善。如前文已经提到的那样，消费是经济增长的三大引擎之一，消费增长与收入增长密切相关。我们的收入分配有三个层次：工资、转移支付、来自社会的慈善捐助。这种收入分配制度有很大的改进空间。根据边际收入倾向理论，改善低收入群体的工资收入对消费增长的作用比较明显，而减少支出也便是增加收入。所以，促进针对低收入群体的收入分配制度和包括低收入群体在内的社会保障体制的完善，对推动消费增长将有非常实质性的作用。

第二个方面，加大环境投入及改善环境对经济增长的贡献。这一点是很明显的，保持自然生态的平衡，风调雨顺，减少自然灾害带来的防范和恢复成本，最终人和自然的和谐会带来经济的和谐。我们的自然生态环境已经为“不顾一切”的高增长付出了代价。如果我们能够逐渐恢复自然生态，或者减少进一步的破坏，保证经济的持续增长，从长期来说也会增加对经济的贡献。

第三个方面，技术进步，包括技术效率的提升对经济增长的贡献。通常，人们容易把“全要素生产率”增长狭义地理解为“技术进步”，事实上，技术进步只是其中的一部分。技术进步提高生产率推动经济增长是被理论和实践都证明了的。现阶段，如果我们能在能源使用的效率上有较大的技术突破，提升能源的使用效率，同时大力开发可再生能源，则短期可以缓解能源短缺的瓶颈，长期可以解决能源限制这一经济增长的最大约束条件。

从提升“全要素生产率”出发，我们不必过分担心经济增长得太“快”，也不必过分担心国内外经济失衡。“全要素生产率”增长是能保持投入产出基本平衡的增长。“全要素生产率”增长带来的经济增长，是与经济潜在增长率相适应的增长，是有质量的增长和和谐的增长。如果我们坚持制度性改革，大幅提升“全要素生产率”，一定能够像改革初期那样，依靠制度进步的“红利”，实现新的层次上“低投入高增长”的经济增长模式。我们期待“十二五”规划的五年，以及中国未来的经济增长都能够得益于制度进步的“红利”，经济增长方式转型成功，“全要素生产率”增长带来平稳较快的经济增长。

改革收入分配体制实现分享式发展

20 世纪 70 年代的发展经济学已经放弃传统的先城市后农村的二元发展理论，转而推动分享式可持续共同发展的经济学理论。中国现阶段开展的收入分配机制改革，应该对缩小收入差距，实现分享式发展，改变二元式经济格局，有非常重要的作用。而刻不容缓的以消费增长为主的增长方式转型和收入分配方式改革，将可能释放出巨大的消费支付能力。特别是对那些具有高边际消费倾向的低收入群体，他们的收入增长，是现阶段一般消费增长的最基本推动力，对于中国走出新兴市场国家的中等收入陷阱，也是至关重要的。

第一次收入分配的市场化机制

当前，一些企业出现的所谓加薪潮，我们认为与两个因素有关。第一，改革开放多年来，劳动生产率有了较大幅度的提升，但是因为相对劳动力过剩，一些劳动者愿意在较低工资水平下提供劳动要素的供给，因此其工资没有随着劳动生产率提升而同比上涨。这次工资上涨不排除补涨的可能性。第二，第二代农民工实际上不是农民工。他们受到了至少初中甚至高中的教育，他们的学习能力和适应能力大大超过其父辈。从某种意义上来说，企业的培训成本已经由社会支付了，所以企业应该把这部分减少的成本作为工资，支付给已经具备更高素质的新一代农民工。

但是，这样的工资上涨是一次性的，工资上涨不能再采取如此滞后的补偿方式，对劳动力市场的变化也需要有相适应的新的定价模式。第一次收入分配机制到了改革的时候。

第一次收入分配机制改革主要聚焦于大众工资收入的提升。我们认为，工资收入的提升要形成更市场化的机制，需要在两个方面下功夫。

第一，通过劳动力的供求关系决定工资水平。如果我们大力发展最能吸纳就业的中小企业，创造一个劳动力偏紧的市场，供求的缺口自然就会通过工资上涨得到平衡。这就是之前一段时间内南方出现工资上涨的根本原因。如果劳动力供大于求，工资上涨动力就不大。当前中小服务企业的发展，不论是创新型服务企业还是一般性服务企业，应该都有巨大的空间。只要政策给予大力支持，中小企业完全可以成为第一次收入分配的市场化形成机制的基础。

第二，鼓励企业的技术改造和产品创新，提高劳动生产率，提高附加值，从而工资随着劳动生产率提升而提升就有了空间。企业层面并不一定总是要做有突破性的技术革新，中小企业的生命力实际上在一些基础的技术革新和改造上。

总之，创造偏紧的劳动力市场形成工资上涨的市场环境，提高单位时间内创造的价值，使得劳动力的价格随之提升，应该成为第一次收入分配机制改革的突破口。

完善第二次收入分配减少支出就是增加收入

支出减少即收入增加。政府通过财政转移支付，第二次收入分配到位，对低收入群体进行一些适当补贴，提供更多的公共品，减少老百姓相应的支出，对作为一个整体的居民来说是实质性的收入增加。

当前最能对增加收入有帮助的财政转移支付有三方面。

第一，加大支持城镇化的力度。加大推进城镇化进程，创造更多城镇就业机会，就有更多的农民变成居民，更多的农民收入变成居民收入。近年来，城镇人均收入已超过万元，虽然农民人均收入也首次突破 5 000 元，但两者之间的差距仍然巨大。有研究指出，2015 年，中国人口将达到 14 亿人，城市人口将超过农村人口，也就是说，未来 5 年，应该有近两亿农村人口要变成城镇居民。如果这一预想实现，这两亿人的人均收入将至少增长 100%。

第二，加大支持保障体系完善的力度。保障体系包括医疗卫生和养老退休金等。日本政府在 20 世纪 70 年代加大对保障体系的投入，支出从占 GDP 的不到 2% 上升到超过 4%，雇主承担的社保支出从占 GDP 的 2.5% 上升至 6% 以上，居民储蓄发生了很大的变化，从 24% 下降至 15% 左右。中国台湾在建立了从婴儿到坟墓的医疗保障体系后，台湾的居民储蓄下降了 14%。储蓄的下降是因为有完善的保障体系为将来的生活“埋单”，居民未来生活的安全感增强，不用通过现在的高储蓄为未来的支出做准备，储蓄的动力自然下降。储蓄下降带来支付能力的提高，当期消费就增加了增长的内生动力。社保体系的完善，大大减少了居民为将来的不确定性所需存储的收入比重，使居民在整个生命周期中的可支配收入大大增加。

如果政府能够切实按照我国新的保障体系低水平高覆盖的方向，随着财政收入的增长在社保领域不断加大转移支付的力度，使老百姓退休生活的安全感增强，减少为保障将来生活而做的储蓄，老百姓的实际可支配收入就会大大增加。

第三，加大保障性住房建设的力度。居住支出是收入中的一个重要部分。近年来，老百姓房屋月供比上升到 70%~80%，大城市超过 100%。如果一般收入群体的收入 80% 要用来支付房屋消费，而且收入增长远远跟不上房价上涨，那么人们一定会减少当期的其他消费，拼命加大居住支出来锁定当期的房屋价格。而且居住消费支出都是以数十年为单位计算的，也就意味着居民的消费支付能力要被锁定数十年。高房价无疑吞吃了老百姓的大部分收入，也打压了消费增长的空间。所以政府加大保障性住房的建设投入，至少建立了一个相对稳定的预期，减少了居民一般居住性需求的支出，实际上释放出巨大的当期收入中的消费支出能力。

减少一般居民的支出，就是增加居民的收入。完善第二次收入分配机制，有针对性地加大转移支付的力度，是收入机制改革的最重要部分之一。

形成分享式收入分配机制

收入分配机制是在不同经济主体之间的一种分配比重。收入分配机制的改革，就是改变各经济主体之间的分配比重。

从宏观上来说，分配机制就是确立经济的大蛋糕在政府、企业和居民之间的分配比重。从微观上来说，就是确立资本与劳动的分配比重。

一些研究显示，中国居民收入占GDP的比重正在不断下降，目前占GDP比重在36%左右。按照财政收入预期和对GDP的匡算，财政收入占GDP比重大约在24%；企业收入则占到30%。如果再细化企业收入，国企收入中更多是来自垄断利润。

这种分配比重从效率上来说，不利于中国目前的从投资为主向消费为主的增长方式转型，因为居民的消费支付能力递减态势，也就意味着其消费支付能力的下降，而消费增长缺乏基本的内生推动力，是实现以消费增长为主的增长方式转型的最基本遏制因素。这应该是中国消费占GDP的比重从改革开放初期的超过50%下降到2008年的35%左右的原因。

从公平的角度，发达国家居民收入占其GDP的比重超过60%，即使是印度这样的发展中国家，居民收入也占到其GDP的50%左右。显然，在高速发展的中国，居民收入占GDP的比重并不合理。

对于不合理的没有效率的分配比重，应该进行合理、有效的机制改革。

第一，政府应该实施对中小企业减税的政策，促进中小企业的发展，支持创造偏紧的劳动力就业市场，形成由供求关系决定的工资上涨。另外，支持企业的创新，提高劳动生产率，工资也就有了上涨的条件，从这个意义上讲，收入就从政府流向了居民。

第二，加大国企向政府分红的比重。国企之所以能从20世纪80年代末的大规模亏损到20世纪90年代中后期实现收入增长，政府投入了巨大的改制成本，同时也在一些领域实施了垄断保护政策。

国企在扭亏为盈以后理当向政府分红，增加政府转移支付的能力，使其能提供更多的公共服务，包括完善的保障体系、更多的保障性住房、三农建设、城镇化建设，以及与这些发展相联系的各种必要的基础设施，最终实现我们前面描述的支出减少、收入增加目标。这样，企业的收入，就通过第二次收入分配成功地转移成了居民收入。

但是国企一直没有向政府分红，这是企业收入大幅增长的原因。近年来，国企开始向政府分红，但是分红比例仅仅占其利润的10%左右。国企加大分红比例，政府加大向民生领域的转移支付力度，应该是收入分配机制改革中的一个重要部分。

第三，垄断行业对民间资本开放，提供公平竞争的机会，使垄断收入更公平地分配到各经济主体。

第四，微观层面，在资本与劳动之间，建立一定的协商机制，也是收入分配机制完善的一个非常必要的部分。“协商”机制能够体现资本与劳动之间的一种平等与公平，也是避免一些极端行为的比较合适的方式。

收入分配机制的改革实际上是在不同主体之间的利益再分配。不论蛋糕多大，都存在比重的转移，也就是说存在一些群体利益的增加和一些群体利益的减少。利益的博弈是不可避免的，但是改革势在必行。

双管齐下，推动农村消费增长

推动农村消费增长应从两方面入手：一是努力把公共储蓄转化为公共财政支出，而不是转化为资本的政府增量投资，降低居民的“审慎储蓄”，从而推动一般消费增长。二是加强农村金融改革，采取特殊的小额贷款模式，拓展农民收入持续增加的途径，推动农村的基本消费增长。

高政府储蓄和高企业储蓄的政策因素

现在讨论公共财政问题多是从行政体制改革的角度。事实上，增加对农村公共财政的支持，推动消费增长，对改善公平和效率都非常有意义，因而有必要突出和明确财政政策转移的经济目标。

对此，世界银行有一份分析报告的数据非常有说服力。我们通过一个宏观经济学的等式来描述这样一个分析过程。

这个等式需要简单解释一下。等式的左边是贸易顺差，就是出口减进口，或者叫“贸易的不平衡”或“贸易差异”。右边是储蓄减去投资，也就是我们通常所说的内部经济不平衡状况“储蓄—投资的不平衡”，或者“储蓄—投资差异”。等式由GDP的支出法计算公式演变而来，表述如下：

$$X-M=S+(T-G)-I$$

(X–M)是“贸易差异”，S+(T–G)–I是“储蓄—投资差异”。

这个等式要说明什么呢？它主要是分析等式变量之间的关系变化和政策的影响，即如何降低储蓄，降低投资，将其转化成国内的消费，从而使整体“储蓄—投资差异”下降，平衡“贸易差异”。

如果加强公司治理结构，建立企业分红制度，企业的公积金就会下来，投资也会下来。分红了以后，企业储蓄假定下降4%，根据世界银行的估算，一般来说，每下降2个百分点的企业储蓄会使企业投资下降1个百分点。

如何降低储蓄和投资呢？世界银行的报告采用经典的“成分法”分析方式，细化储蓄的结构。总储蓄被细化为企业储蓄、居民储蓄和政府储蓄。根据估算，中国总储蓄大概略超过GDP的40%，居民储蓄大概占GDP的16%，除印度居民储蓄更高以外，中国居民储蓄比报告中所有列举国家的居民储蓄都要高很多。中国企业储蓄占GDP的20%，公共储蓄占5.7%，这都是计量估计的数字，从最保守的角度匡算。也就是说，实际数字与之相比不会有太大的偏移。与其他国家相比，中国企业储蓄比韩国的高5.2%，比墨西哥的高9.4%，比印度的则要高15.2%。中国的公共储蓄也比墨西哥的高3.5%，比印度的高4.2%，比日本的高7.9%。所以不管是跟发达国家比还是跟发展中国家比，我们在企业储蓄和公共储蓄上都与其他国家有差异。

如何解释这个差异呢？它们是由政策性因素造成，主要是我们与其他国家不一样的经济行为和经济政策所致。

高企业储蓄主要是不分红政策的结果。高储蓄的企业主要指的是国有企业，特别是大型国有企业的储蓄比较高。为什么国有大型企业的储蓄较高呢？因为中国大型国企不分红，虽然国家是最大股东，但企业从来不把利润分给国家。最多是上缴，上缴给集团公司，上缴以后剩下的大量利润，成为企业公积金或者企业储蓄，企业储蓄再投资，这样就使得储蓄和投资都上升了。不分红政策最终导致高企业储蓄、高企业投资的结果。

高政府储蓄与经济增长、税收增加以及财政税收管理体制的改革，使政府的收入增加和政府储蓄（T – G）增长。我们的税收以高于GDP1倍的速度在增加，使得政府储蓄比其他国家高出很多。关键是政府储蓄的支出政策。应该将政府储蓄增量转变成资本增量，即转移为在预算之上追加的对基础设施，诸如水、电、交通运输等方面的增量投资。所以政府储蓄与企业储蓄一样，储蓄增加的同时投资也增加，使得整体储蓄和投资水平都得到提升。

居民储蓄很高可以这样来解释，一是中国经济快速增长，使居民的收入增加。二是亚洲的文化，特别是中国的勤俭文化所致。还有一个更重要的原因是对将来的不确定性预期，即所谓的风险意识带来的。退休和子女教育的压力，以及基本医疗卫生体系的不完善，使人们产生谨慎的心理，特别注意防范风险，储蓄意愿加强。还有资本市场不发达，缺少投资的机会，这也是人们把钱放在银行的原因。这样，居民储蓄只能通过银行进入各个领域参与投资。

总储蓄的各个成分都在大幅度增加，同时带来投资的增加。所以上面等式的右边，“储蓄—投资差异”的整体上升，使等式左边的“外贸差异”也跟着上升。这些不平衡与我们的高储蓄、高投资和相对较低的国内消费都有关系。

政府储蓄的支出转化贡献

怎样改变经济中的不平衡状态呢？通过上面等式描述的各变量之间的经济关系，以及变量之间的动态变化过程和原因分析可以看到，实施更合理的政策，有针对性地降低等式右边“储蓄—投入差异”，可以达到经济体系的整体均衡。

政府应该把政府储蓄转化为公共财政的社会支出，这里主要是指加大对农村卫生、教育和社会基本保障体系的投入，而不是政府投资的增加。

政府储蓄的转化会达到两个效果。一方面是政府储蓄大幅度下降，世界银行报告认为，如果5%的政府储蓄全部实现这种转化，可能会导致政府投资减少3%。另一方面，政府储蓄下降是资金向社会公共事业和社会保障事业转移，实际上这是老百姓的未来风险成本下降，会降低居民谨慎储蓄的比率。假如因为公共支出的强化，居民安全感增加，风险储蓄下降两个百分点，这样就会有7%储蓄的整体下降，其中政府储蓄下降5%，居民储蓄下降2%，以及3%的政府投资增量下降。

这样等式右边的“储蓄—投资差异”会下降4%，改善经济不平衡的效果将非常明显。

研究表明，中国台湾地区的医疗卫生体系建立以后，其居民储蓄降低了9%~14%，这说明政府如果能够把社会保障体系和基本卫生体系建立起来，将对降低储蓄、增加消费有非常大的作用。

越南也有这样的经验。越南的医疗保险体系建立以后，对其GDP有非常显著的提升作用。安全感增加使人们“敢于”减少储蓄，增加消费支出，这一现象在低收入群体里表现得非常明显。

中国有8亿农民，如果政府储蓄的投入能够逐渐完善农村各方面的社会保障网，减少农民的后顾之忧，将对增加农民基本消费，进而推动消费水平整体上升有巨大潜在效应。

发展资本市场，提供投资的机会，吸引各方面的资金，居民储蓄就会下降，银行的个人储蓄也会大幅下降。

资本市场发展融资的机会也会增加，有很多企业特别是间接融资困难的中小企业会到资本市场去融资，吸引私人储蓄向资本市场流动。根据世界银行报告，融资机会增加，可以降低3%的居民银行个人储蓄。而市场发展、利率市场化程度提高、利率提升会引起投资下降 1.5%（与银行依赖收入的经营模式转化的程度有关）。资本市场发展的综合效应可能会使“储蓄—投资差异”下降 1.5 个百分点。

三方面的政策都达到了“储蓄—投资差异”缩小的效果。其中企业分红的政策缩小“储蓄—投资差异”2 个百分点；政府支出建立保障体系的政策可以缩小差异 4 个百分点；发展资本市场可以缩小差异 1.5 个百分点，等式右边表现的不平衡程度便缩小了。现在等式右边外贸的差异大约是 GDP 的 6%。如果可以综合实施这些政策，从中长期来说，基本可以平衡外贸差异，达到储蓄水平完全转化为投资和就业的理想局面。

我们观察到，最大的政策效应是政府储蓄转化政策的作用。这项促进消费增长政策的思路，是通过财政储蓄参与建立农村社会保障安全体系的网络，降低农民未来的不确定性成本，减少他们对现阶段支出的顾虑，推动消费。如果政府储蓄集中投入这个政策目标，可以降低 4 个百分点的“储蓄—投资差异”，是三大政策中贡献最大的政策，这也符合许多发展中国家和地区的经验。

小额贷款开发农村收入增长的新渠道

传统的提高农民收入和消费的思路，比较多依靠政府直接补贴方式的支持。我们也正在加大财政向农村转移支付的力度。但是政府补贴只是必要的输血工程，要最终解决问题还得建立更有生命力的造血工程。这里强调的方式不同于传统模式。造血工程的思路是通过加强农村金融体系的改革和建设，采取特殊的适应农村发展的小额贷款模式，提供农村金融服务，发展农村的非种植业，促进农民收入的持续增长，刺激消费。

如果对农村现状比较了解，会清楚地意识到，农村的发展和农民收入的增长完全依靠传统的种植业是不行的。

在全球化的大环境下，可交易商品的价格受到国际市场价格的制约。国内粮价已经高于国际粮价，不可能再有大幅上涨的空间。靠种植业是没有办法持续提升农民收入的，因此必须向非种植业发展。要更多地发展畜牧业，开展中小型的服务业，比如小商业、小加工业等。

非种植业的发展，需要解决初始发展资金的问题。但是农村现在的金融体制改革，更多是向比较正规的商业银行经营模式靠拢，并不完全适应目前的农村发展需要，特别是不但不能为农民非种植业的发展提供小额贷款的金融服务，还可能使农村资金大量流出。

亚洲开发银行根据国际经验，提出一种特殊的金融服务模式，其最大的特点是向有愿望从事非种植业的农民提供小额贷款。这种联保制的贷款，不是银行传统的抵押贷款，而是一种通过邻里之间互相制约的信用贷款模式。这种贷款的管理机制非常特别，还款机制是分期还款，利率比一般贷款要高。国际经验证明，像这样采用特殊管理机制运行的农民银行，在很多发展中国家非常成功。它首先大范围地解决了农民贷款难的问题。比如孟加拉国有四家农民银行，都是他们国家最好的银行，其对农民贷款的覆盖面非常大，每家覆盖 200 万农民，四家就是 800 万农民，而且坏账率是不可想象得低，只有 2%。

柬埔寨也有一家这样的农民银行，它的投资收入进入全世界的前 10 名。印尼的农民银行 2003 年还在纽约上市，一年内市值增长了 1 倍。给农民提供小额贷款的金融服务和金融机构都非常成功，几乎没有坏账。有不少这样的农民银行，它们的利润进人世界前十名的行列，比一些世界著名金融机构高得多。中国实际上也有很多这样的试点，但是为什么没有形成气候呢？这跟我们的观念有关，即没有把它作为一个长期的事业来做，而只是作为一个政府支持的项目来做，项目结束后没有进行全面推广。希望在今后的政策和金融体制改革上，能够加大对农民银行这种农村金融服务模式的扶植，支持农村金融服务的长期发展。

全世界能成功，相信中国也能成功。现在中国的农村小额贷款金融服务已经有了一些突破。山西平遥成立了两家民间金融服务机构，专门对中小企业经营提供小额贷款。四川也成立了一家类似的机构。我们相信这种特别的小额贷款金融服务一定会得到发展，帮助农民突破收入增长和发展瓶颈，成为农村基本消费增长和经济持续增长的有效推动力。

我们过去的很多改革，就像围得严严实实的墙一样，大家都尝试去突破，但是突不过去就不突了，放弃了。为什么我们不可以把这个围墙打个洞，外面的世界，可能是另外一番天地。前面讨论的政府储蓄转移的方式和农村金融服务的特殊模式，都可能成为新农村建设中的奇兵。多一些这样的异军突起的思路，认真研究，深入推敲，战略设计得更具体一些，更具有可操作性、可行性，再加大政策的支持，加大适合农村发展的金融改革的力度，新农村建设和经济持续发展将一定能有战略性发展和突破。

农村的现状是仍然有 8 亿农民，城市化会使许多农民成为城镇居民。但是只靠进城不可能全部消化巨大的农民群体，在相当长的一段时间内，中国有几亿农民的情况不会改变。是否能够推动新农村建设进程，改善农民现状，是中国经济能否持续发展的一个非常重要的依据。经济增长从投资向消费模式转移也是一个根本的发展战略。政府储蓄转移加强农村社会安全体系建设，通过发展农村小额贷款提高农民收入，一定会成为新农村建设中促进农村消费增长的推动力。扩大中国的消费市场需要进一步打开思路，促进农民的消费也需要不断探索。但是应该特别引起注意的是，实现这些战略性转变的过程是无比困难的，一定会遭遇观念、制度和其他方面的一些障碍，因此必须要有知难而进的勇气和不懈的努力。

第八章

“大洗牌”带来哪些融资机遇?

在中国经济新一轮的改革与发展时期，各领域的重新洗牌将给一些经济体带来新的发展机遇，尤其是对民间资本和中小企业、村镇金融的发展而言，经济“大洗牌”给它们带来了极大的融资机遇。

在新一轮的经济增长周期中，民间资金进入金融行业已经成为共识，温州金融改革试点、前海金融改革试点，都是其间可贵的尝试。在新的历史背景下，中小企业贷款难的问题，也应该有更明确的解决思路，即通过发展中小型银行以及多元化的金融工具来解决这一问题。需要注意的是，在当前各地金融业与金融改革风风火火进行的过程中，农村的金融服务发展不能成为被遗忘的角落，相关部门应该对此予以同样的重视。

民间资本稳增长还需临门一脚

民间资金稳增长的主角地位，上下已有基本共识。先是国务院出台的42条以及细化了的新36条，再是发改委出台以价格杠杆引导民间资金投资公用事业的新规，包括国资委、财政部、铁道部、卫生部、银监会、证监会在内的六部委，也都出台了与各领域相关的民间资金参与的意见。有的地方政府还成立了政府资金，引导基础的基金平台进行民间资本的投资。虽然民间资本的投资规模在稳增长的过程中稳中有进，但是民间资本全面参与经济发展还需要可操作的临门一脚。不过，民间金融发展大门开启之际也有诸多的“临门问题”需要解答。

首先，以价格杠杆引导民间资金投资公用事业需要做几方面的准备。以价格杠杆引导民间资金投资公用事业是借鉴了BOT（build—operate—transfer，即建设—经营—转让）的思路。BOT实际上是国际组织引进的公用事业的一种提供模式。其要点是本应由政府提供的公共品改为由私人资本提供。过去引进的BOT模式操作过程中有三大要素：第一大要素，由非常有信用的国际组织牵头，比如世界银行和亚洲开发银行，代表其选择的私人资本与政府相关部门进行对话沟通和谈判，并且全程参与项目设计、建设、运行和评估以及一定比例的资金投入。第二大要素，参与BOT项目的私人资本是在全球招标选取的。除了资金雄厚更是各自领域的翘楚，包括供电供水污水处理、路桥基础设施建设等领域。第三大要素，BOT项目的资本收益一般在社会平均资本收益上下，增幅或降幅不大。因为，公共品的供给由政府提供时是不以赚钱为目的的，价格一般定在没有利润的平均成本上。私人资本参与公用事业后，进行价格调整，但是是以资本的社会平均收益为定价参照，国际组织的测算在 10%~15%。

针对这三大要素，发改委“新规”的可操作性需要解决三个具体问题。第一个问题，谁是民间资本的牵头人。中国民间资金如果以居民储蓄余额计算，现在达到 35 万亿元之多，原则上都可以转变为民间投资资金。但是在动辄数十亿元甚至数百亿元的公用项目投资规模下，“蚂蚁雄兵”的民间资本根本无法运作，游击战方式的“散兵游勇”是不能打正规歼灭战的。谁来作为民间资本的牵头人和代表与相关部委谈判？在中国民间投资“宁做鸡头不做凤尾”的“鸡头文化”主导下，“一盘散沙，各自为政”的状态如何整合？谁来整合？这是需要首先考虑的问题。第二个问题，公用事业供应商不仅是资金提供方，也是专业供应商而且是全球招标选取的，具有技术、建设、运营和管理能力上的全球领先优势。但是，国内民间资金对于公用事业来说只能是财务投资者，招标也很难找到有实力有专业优势的私人资本。有调查显示，一些公用项目由国有专业公司出面招标，然后外包给一些小民营公司，结果使工程质量存在严重隐患。满足 BOT 的第二个条件有困难。第三个问题，参与公用事业的资金要接受社会平均资本回报率。国务院一出台节日公路免费的政策，立即有早前投资公路的民间资本宣布退出，理由是利润减少了 5%。数据显示，过去公路投资者的投资利润超过 56%，减少 5%仍然有 51%的高回报。社会平均资本回报率一般在 10%~15%之间，公用事业直接关系国计民生，也不可能大幅提高价格。民间资本对收益和利润的预期过高，也不符合 BOT 模式的操作性要求。

在这样的现状下，如何解决这些问题？可以尝试由现有银行的“私人银行”部门，整合各自私人客户群的资金，化零为整，并协调资金收益水平的合理预期，在本行客户中选择提供项目的专业公司，然后代表整合后的私人资本参与项目竞标以及与相关部门的谈判。当然这个做法的前提是银行具备资本整合的能力和道德风险可控。这可以成为发改委“新规”落地的临门一脚。

其次，战略性新兴产业发展的临门一脚是发展思路的转变。重点说清洁能源产业，因为清洁能源的民间资本参与度很高，特别是光伏。光伏产业正式作为“战略性新兴产业”列为国家发展规划应该是在2010年到2011年之间。转眼，光伏产业已进入严重“产能过剩”行业之列。原因之一是其延续了传统产业简单盲目投资扩大产能的增长思路，违反了新兴产业发展规律。原因之二是中央政府将光伏产业定位为“战略性新兴产业”，而企业和地方政府层面的光伏产业是出口加工贸易性质，这种错位使光伏产业在爆发全球经济危机，发达国家补贴下降、出口市场萎缩的形势下陷入产能过剩的困境。是否能够下决心转变发展思路，按照产业发展规律进行调整，成为光伏产业能否真正成为战略性新兴产业的关键一步。这一步要分三步走。

第一步，投入资金研发解决光伏发电上网不稳定的问题，也就是要解决智能电网问题；第二步，因为光伏电价高于火电价格，要通过价格机制的调整和政策的适当补贴，扩大消费，引导市场需求，扩大太阳能消费市场；第三步，才是扩大产能，依靠规模效应形成产业优势。只有在重大技术瓶颈基本解决，使用者满意，消费市场打开以后，再扩大设备投资和产能，才不会遭遇产能过剩的困境。另外，企业和地方政府定位的光伏产业“加工贸易业”性质，只能是把生产的污染留在国内，把使用的清洁出口国外，并不能使其成为充当中国经济新的增长点的战略性新兴产业。地方政府盲目补贴企业的产能扩张，也使光伏企业在国际市场上遭遇更多的贸易摩擦麻烦。在美国提起对中国光伏企业的双反诉讼之后，德国也向欧盟发起对中国光伏企业的诉讼。

现在有一些地方政府成立了各类产业投资基金，如果这些基金能够转变观念，遵循产业发展规律，将可以成为民间资金参与产业升级和发展新兴产业新思路的正确引导平台，是对准民间资金推动新兴产业发展大门的临门一脚。当然这一脚是否进门，还需突破“守门人”的体制性障碍。

关于民间资金进入金融行业应该已经达成共识。温州金融改革试点和前海金融改革试点，都是以发展民间金融为出发点。但是，民间金融发展仍然有几个十分不清楚的问题需要提出来，即金融业是否应该作为一个独立产业来发展，民间金融是否应该成为支柱产业，是要向有些地方政府设定的占当地生产总值 30% 的目标推进，还是要作为中介围绕实体经济发展。如果实体经济增长 8%，民间金融高出实体经济增长的基础是什么，民间金融脱离实体经济的高增长是否会过度虚拟经济、泡沫化经济、埋下未来危机的隐患等。这应该是当前推动民间金融发展以及整体金融业发展需要提出的“临门一问”。

掀开中小企业贷款难的面纱

关于中小企业贷款难的报道很多，虽然都提到货币政策“紧缩”的原因，但是与2008年相比，这一轮中小企业贷款难中相关部门及相关人士在强调“紧缩”时，显然并没有那么理直气壮。从媒体的形象表述中可以发现，这一轮中小企业贷款难出现在流动性收紧的背景下，企业的问题出在“资金链”断裂和“多元化”祸根方面。资金链“链”接何处，多元化“祸”从何来？这些描述隐含着中小企业的资金困难并不是难在主营业务上，其资金缺口是在非主营业务的资金链环节。

中小企业贷款难的新背景

这一轮中小企业贷款难的问题有新的背景，相关案例可见端倪。

案例一　一位制鞋企业的老板出逃。出逃的原因是资金链断裂，还不了其滚动借贷累积的1.2亿元巨额资金。该制鞋企业属于中小企业，如何累积起1.2亿元的巨额债务？事实上，该企业资金链断裂问题根本不是出在制鞋的所谓主营业务上，而是制鞋老板“转型”炒矿，因为不懂得矿业市场情况，高息借款赌博式的资本运作失败，弃债出逃。如果不深入追踪后面的故事，该案例也可以被描述成中小企业资金链断裂，导致高息民间借贷资不抵债的表象。

案例二　相关媒体连续报道了另外几例企业老板出逃事件。虽然企业经营业务不同，但是故事大同小异，共同之处都是欠下与其主营业务经营资金需求极不相符的超亿元甚至数亿元的巨额债务，最后“资金链断裂”弃债出逃。另外一个共同之处是，这些企业断裂的资金链都不是在其各自的主营业务上，生产电缆电线的企业资金断裂在房地产和土地的投资和交易上；皮革生产企业资金断裂在非法从事的借贷融资上；阀门生产企业资金断裂在不动产的倒买倒卖上。可见这些“中小企业”都名不副实，这些企业的资金链断裂问题显然都不应该归咎在“中小企业贷款难”上。

把“不误正业”的中小企业的资金问题笼统简单地说成传统意义上的“中小企业贷款难”，是极大的误导。其实这种误导性解读在 2008 年就已经出现。

我们还记得，2008 年上半年，中小企业贷款难的问题非常严重，大量中小企业资金链断裂可能破产的报道也堪称铺天盖地。甚至东部某省的领导亲自出面向中央政府要政策，在居民消费价格指数高达 8%的水平时，要求中央放松银行信贷，拯救中小企业。事实上，据来自该省金融方面领导的信息，该省大部分中小企业都在 2005~2006 年的房地产价格大幅上涨期间，不再扩大主营的产业而转投向房地产。2007 年，政府开始对房地产市场进行调控，银行对房地产的信贷趋紧，如果不出手救助，该省会出现因为房地产资金链断裂而带来的大规模企业倒闭。2008 年，中小企业贷款难也存在这样的非中小企业资金假相。

2008 年下半年的金融危机，中央危机救助计划和银行大规模信贷扩张也包括对房地产市场的信贷扩张，正好接上了这些中小企业房地产投资的资金链，结果不但企业没有倒闭，反而收获颇为可观的回报。特别是上面提到的省份，当年财政收入增加 480 多亿元，其中 80%来自房地产业。但是，这遗留下了不能忽视的问题，比如今天的流动性过剩、通货膨胀压力、不远将来的银行坏账和金融风险。因为之前“拯救”的并不是中小企业，而是中小企业所涉足的房地产、借贷和其他高风险投资行业。

这一次的中小企业贷款难背景与2008年有相似之处，不过潜在问题的规模可能更大。

不是货币政策“紧缩”之过

每次中小企业贷款难的批评矛头都直指货币政策，认为是“紧缩”的货币政策遏制了银行信贷规模。银行在信贷额度受限的情况下，一定是首先减少对中小企业的贷款，中小企业转而寻求民间其他方式的融资，推高了民间融资利率，增加了中小企业融资成本，也进一步加剧了资金链断裂的风险。这样的“故事”在中小企业贷款难的新背景下也被重新演绎。

从货币政策和中央银行数据来看，银根并未紧缩。与此同时，民间融资的极高利率，正说明向民间借贷的信贷背景并不正常。真正中小企业的边际收益和利润都不会很高，资金成本上升的空间比较小，不可能承受很高的利率水平。相关报道称，某项目开工向民间投资机构申请月息达6%的三个月信贷，该项目一定不是一般从事实体投资的项目，因为没有中小企业主营业务的回报能够达到这样的水平。这有可能是比如高息借贷代替自有资金进行房地产初期开发，用动工后的项目向银行贷款并开始期房招商，然后用银行的资金还掉高息信贷，期房招商实际上也是消费银行贷款，即企业在完全没有自有资金的情况下完成了整个项目。用高利率借贷绝不是中小企业的借贷行为所致，真正经营实业的中小企业不可能依靠高利率资金运行。

在我们分析的中小企业资金链断裂的新的背景下，如果再像2008年那样，通过放松银行信贷来“拯救”中小企业涉足的高风险行业，或者简单地把民间融资利率高看成是货币紧缩的结果，而改变现在的货币政策，通胀的恶化将不可避免，房地产的泡沫可能涨得比上次更大，银行和经济将面临更大的系统风险。

如何为中小企业排忧解难

我们并不认为所有的中小企业都“不误正业”。而且中小企业在任何情况下都存在融资困难的困扰。解决当前中小企业融资难的问题，第一，银行信贷设立专项中小企业资金。按照有保有压的原则，从银行当前的信贷额度中，划出一个比例，作为专项中小企业信贷资金，专门支持那些手上确有国际国内订单，周转资金不足的企业；支持那些正在向合理领域转型的，而不是从鞋业向炒矿业转型的中小企业。这里的关键是不增加银行现有的信贷额度，同时严格界定中小企业的经营行为，在新的背景下对中小企业信贷更需要“有保有压”。第二，股权融资。创业板、中小板、新三板，都可以成为中小企业股权融资的渠道。因为上市融资对企业是有门槛的，对主营业务也是有比较明确的规定，只要把好这些关口，监管到位，股权融资将即可以解决中小企业融资难的问题，又可以避免中小企业盲目“多元化”发展带来的风险，防止民间融资的无序乱象。第三，债券融资。我们还没有中小企业的债券品种。中小企业发债一定是高风险债券。应该加紧对中小企业债券发行机制和风险控制的研究，尽快推出中小企业债的新的融资方式。第四，加强对非正规金融活动的监管。民间资金规模越来越大，逐利性更强，有必要加强对民间信贷、民间金融行为的规范和监督。

在中小企业贷款难的面纱被揭开以后，我们也看到，中小企业的所谓转型和升级换代是不能“逼”的，要引导民间资本流向实体经济而不是大规模“玩”高风险的 钱“生”钱游戏。中小企业的转型和升级需要具有可操作性的政策引导，否则可能“逼”出更大的新的无序和风险。

小企业信贷小银行解决

小型和微型企业贷款难是很多专家、学者以及政策决策当前重点关注的问题。我们认为，中小企业贷款难是一个结构性的问题，在宏观层面“一刀切”地放松货币政策，不是解决问题的有效方式。中型企业的信贷融资问题，有待大中型银行经营模式的改革和完善，小型企业的信贷融资问题还得靠小银行和多元化的金融工具来解决。在讨论解决方式之前，先要厘清思路，否则会被误导，找不到正确的解决方案。

有观点认为，中小企业贷款难是货币政策超调之过。货币政策是宏观政策，其政策目标是在总量一定基础上保证经济平稳运行的合理的流动性。其实小企业贷款难是一个信贷结构问题，不是总量问题，只能通过优化信贷结构和有保有压的针对性政策来解决，而不能“一刀切”地放松银根；否则会导致经济在总量上的不稳定和通胀控制的前功尽弃。

有观点认为，因为中央银行大规模收回银行系统的超额存款准备金，银行可动用的信贷投放能力下降，必然会相应减少对小企业贷款。经过匡算，6次存款准备金率上调收回的流动性基本与上半年的外汇占款规模一致。换句话说，中央银行动用数量型工具是针对资本流入的“池子行动”，而并未降低银行的放贷能力。事实上，银行的信贷总规模并未减少，而是对中小企业的信贷减少了。

要改变这种状态，只有强制性地在银行正常信贷额度中划出一个小企业信贷比例，保证银行对那些有订单、有效益的小企业的信贷支持。同时一定程度上限制银行单纯依赖信贷扩张的经营模式，这样才能在信贷规模回归正常的同时保证对中小企业信贷增长的支持。

需要说明的是，在市场经济体制下，本不应该强制真正商业化运作的银行给风险很高的小企业贷款。但是因为中国的银行享有太多的带有垄断性的资源，其信贷扩张经营模式的放贷目标更多是承担极低责任风险的大国企，而不是小企业，垄断资源被不公平地分配。特别是在应对危机的宽松政策回归正常的时候，中型企业可能问题不大，小企业的信贷则会在正常化过程中"被消失"掉。所以，强制银行对小企业的贷款是基于对资源垄断的优化合理配置，不应受到市场极端主义的误批。

现阶段在解决小企业贷款难的问题时，必须正视一个规律性的问题。如前文《温州高利贷解决方式必须"下不为例"》一节里所说的那样，中国经济正在进入劳动力比较优势逐渐下降，也就是劳动力成本不断提高的阶段，为了资源的优化配置，要素价格机制的市场化改革势在必行；加上国际大宗商品和原材料价格的不断攀升，中国低端制造业依靠低成本优势发展的模式已经走到了拐点。如果没有成本上升的空间，按照经济规律，这部分小型企业退出市场就成为必然。

我们必须要改变这样一个概念，即企业转型不一定是原有企业的升级换代，而完全可以是以一批企业的退出、一批全新企业的诞生来完成。"逼"原来的企业转型非常困难，新一代的企业家携全新的理念和产业结构取代或者淘汰旧的企业和产业结构，将是更有效更成功的转型方式。

那么如何解决仍然有竞争力的小企业的信贷难问题呢？我们认为，小企业信贷还是要由小银行来解决，草根金融或是草根机构的支持，才是真正解决之道。国内唯一的一家真正意义上的试点民营银行——浙江泰隆银行和小额金融信贷公司的试点之一——上海松江骏合小额贷款股份有限公司，创造了从风险管理、信用管理到信贷管理的很草根很实用的小企业信贷模式。按照民间金融机构试点的初衷，它们为所在社区范围内银行不愿涉足的小型和微型企业提供信贷支持，为对实体经济有贡献的小企业的生存和发展，起到了非常重要的作用。

我们认为，要在更大范围内解决小企业的资金支持问题，应该在全国范围内推广泰隆银行模式，建立更多的以本地区小企业贷款为主营业务的民间银行，吸引本地区的民间资金参与本地区小企业的融资需求。另外，对2009年开始试点，至今全国已经超过3500家的小额信贷金融公司进行检查和筛选。对于严格按照试点初衷，真正为当地小企业开展小额信贷活动规范运作的试点公司，比如上海松江骏合小额贷款股份有限公司，给予银行再贷款，扩大公司信贷规模的新的政策，支持他们扩大规模降低利率，更务实地为小企业提供信贷服务。为鼓励小额信贷公司的规范运作，也要开放式地允许优秀的小额信贷公司将来升级为泰隆那样的社区银行。当然，这些银行和小额信贷公司的试点推广和发展，一定是要以提供小企业的金融服务为基本目标。对于那些不规范运作的试点公司，应该尽早处理免留后患。

而前文已经提到的，像中国台湾地区那样由政府出面建立中小企业银行，或者由龙头企业做担保，为其卫星企业提供信贷支持，也是一个值得尝试的模式，比如蒙牛或者伊利在牛奶产业链上的尝试。

总之，小企业贷款难是个结构问题，可以尝试很多结构性的方式予以解决。只要我们加大结构性调整的执行力度，小企业贷款难的问题应该可以解决。如果把小企业贷款难误判为是由宏观总量，特别是货币政策带来的问题，“一刀切”地放松货币政策，将可能带来非常严重的后果。

农村金融服务不能成为被遗忘的角落

随着温州金融改革、前海金融改革，各地把金融业当作支柱产业进行改革和发展，都跃跃欲试。但是，与农村金融相关的丽水改革则似乎没有受到与其他金融改革同样的关注。农村金融服务似乎仍然是被遗忘的角落。

笔者曾看见一个关于中国农业银行创新的报道，其创新点主要是布局农行信用卡的国际化，包括打造农行国际化优质品牌、实现奥运梦想、抓住欧洲奢侈品尾巴、微博营销等，所有的创新都是在城市里围绕城里人转悠。农行不“农”或者不把发展重点放在农村农业，其他商业银行更不会有兴趣。当然也听见为银行解释的声音，认为是农村贷款规模太小，只占信贷总量的10%，所以商业银行不愿把重点放在那里。我们不想从商业道德和垄断行业社会责任的角度，以及国家金融服务资源公平分配的角度来评论这个观点。我们只是希望在当下各地“如火如荼”的金融改革中引起各方面的关注，按照银监会要求必须由商业银行发起的村镇银行，不再延续发起行的思路，变得不“村镇”。如果村镇银行扩张成为全国性银行，沿革大银行的业务发展思路，除了扰乱正常发展秩序，破坏竞争环境，没有任何积极的意义。

我国农村金融与十年前相比已经有了显著的改善。根据山西永济的调研报告，尽管那里的农村金融发展至今还不尽如人意，但是，农信社、邮储银行、农业银行以及小额贷款公司等各种机构的业务均已深入到乡村，形成了一定的竞争格局。需要融资的农民，至少是农业大户，已经有一定的融资选择机会；而在同一个地区，三年前农户在这些机构中几乎贷不到款。

从宏观层面上看，农村金融改革也有了长足的进步。有报告显示了广西农信社联合社的情况，改革前的2006年，该社的不良贷款率高达33%；而改革后的今天，其不良率已经降到了4%。农信社的存款余额从不到500亿元人民币，一跃升到了2800亿元，增加了5倍多，甚至超过了工、农、中、建、交五大银行，成为全自治区吸收存款最多、利润最大的金融机构。而且，各地农信社都加速了农商行的筹建。广西恭城、四川攀枝花、辽宁沈阳、广东南海等多家农商行相继被批准挂牌。根据银监会的数据，截至2011年8月，全国已组建农村商业银行155家、农村合作银行210家。此外，有1424家农村信用社已经达到或基本达到组建农村商业银行条件。随着重庆农商行在港交所成功上市，北京、广州、上海、天津以及江苏等多家农商行均提出了上市计划。这些都从不同的侧面反映出近年来农村金融改革出现的可喜进步。

但是从整体上来说，农村金融服务仍然是十分落后的，相对农村和农业发展的巨大实际需求有很大的差距。未来不论城市化和现代化如何发展，中国都需要一个能够养活13亿人口的大农业。农村金融跟不上，农村金融的发展不平衡，现代农村和农业的发展不能与城市化的发展同步，中国经济发展将可能遭遇农业空心化、农村空心化的危机。

农村金融改革的下一步如何走？发展以涉农服务为目标的农村金融服务机构，应该成为未来农业金融发展的主攻方向。村镇银行应该成为重要的农村金融服务机构。

这里我们首先关注当前农业和农村发展中的金融服务需求，这些金融服务需求同时也是村镇银行在农业和农村发展中的机遇。

首先，产业转移带来的发展机遇。由于成本上升，部分加工贸易业向中西部转移是一个明显的趋势。农民进城打工的形式也随之发生变化，大规模千里迢迢的候鸟方式转变为更多就近打工的选择。围绕转移的企业，形成离农村与欠发达地区更近的小城镇，可能是未来城镇化的一种模式。转移的企业以及小城镇的形成都会产生大量的金融服务需求。村镇银行可以在为这些转移的企业提供金融服务和相关小城镇的形成过程中得到发展。

其次，未来农业集约化发展带来的机遇。现在有一个较为偏颇的观点，认为城镇化是城市发展的问题。实际上，城镇化和农村农业的发展是不可偏废的。城镇化提速，大量的劳动力进城，简单的包产到户的农业生产发展将可能面对各包产农户劳动力不足或者不可持续的问题。集约化农业、农业机械化和职业农民，可能成为未来现代农业的发展模式。未来农村土地的集约和农村土地的改良、预防自然灾害影响的大规模水利设施建设和改善、农业机械化发展，以及职业农民的培养，都会产生大量的新的农村金融服务需求，村镇银行完全可以成为推动农业集约化发展的主力金融服务机构。

最后，围绕农业发展和小城镇化带来的机遇。离农村较近的小城镇的形成和发展与农林牧渔业就地加工生产的发展是互动的。农产品加工的本地化，为当地农民提供了就近就业的机会，会促进以农产品加工为中心的小城镇的形成。食品加工企业、农产品物流运输、医疗卫生、文化教育，以及相应的基础设施建设都会需要金融服务的支持，村镇银行的发展也一定会与之同步。

村镇银行如何“支农”

与农村金融相关的丽水改革如何走呢？村镇银行定位为专门的农村金融服务机构应该是改革主要内容之一。当前农业和农村的发展需要大量金融服务，村镇银行如何“支农”？

村镇银行应该从三个方面参与农村普惠型金融服务。

第一，村镇银行要扶持草根式的农村合作金融体系。目前的农村信用社已经大体上脱离了真正的合作机制。根据银监会的《关于加快推进农村合作金融机构股权改造的指导意见》等相关制度方法，现有的大部分农信社将会组建成股份制的农村商业银行。即使是一部分还保留农村信用社牌子的机构，其股权机制也更多的是通过引进新的优质股东，优化产权结构，从资格股向投资股转化，而失去了合作金融的内核。从日本、韩国、中国台湾等地的农村发展经验来看，农村不但需要商业化的金融机构，也需要能扎根于基层的真正的农村金融合作机构。这些机构对服务农户，特别是中小农户有特有的优势。我国小农户数量很大，各家的情况又比较复杂，很多农户住家距离城镇又远，商业化的农村金融机构信息采集与运营的成本太高。因此，在进行农信社商业化改革的同时，重构草根的合作金融机构与体系，也应该被提到农村金融改革的议事日程上。这些农民自己组织、管理的新合作信用社，直接针对小农户，能够起到金融服务零售机构的作用。村镇银行包括改制后的农业商业银行等现有的农村金融机构，可以给这些农民信用合作社发放贷款。这样就能克服银行的信息不足与在村镇中运营成本过高的问题，也支持了针对农户的金融服务。

第二，村镇银行要扶持一些民间的以扶贫、支农为目的的社会投资型小额贷款机构与社会公益机构。我们必须看到，对一些贫困地区、贫困农户提供贷款完全用商业办法是无法解决的，应该有一批公益性的小额贷款公司专门为这样的群体提供融资服务。我们应该在政策上有所创新。当前，一批学者、企业家正在山西永济与成都大邑进行准公益性的，或者说是不以赢利最大化为目的的社会投资型小额贷款公司试验。这两家公司恐怕是目前全国仅有的完全为小农户提供贷款服务的小额贷款公司。其贷款客户全部为农户，贷款金额少则一两千元人民币，最多为三万元人民币。我国需要出现更多这样的小额贷款公司，才能通过普惠型金融服务有效地推动偏远贫困地区发展。

事实上，在各地还有一些这样的机构，他们以小额贷款试点机构或社会组织的名义出现，不以赢利为目的地长期工作在普惠金融的第一线。这些机构的进一步发展存在着同样的后续资金不足问题。它们往往是由国际组织或地方政府提供的一些启动资金开展起来，但很少能得到这些资助者的持续投资。因为它们不是正规的银行金融机构，不能吸收存款，又缺乏从其他金融机构得到批发贷款的机会，这就极大限制了它们更广泛地发挥普惠式金融的作用。如果村镇银行能够给予后续资金支持，这些开展普惠型金融服务的社会组织将可以发挥更大的作用。

第三，村镇银行可以直接参与普惠型金融服务。现代企业文化都非常重视树立社会责任意识。村镇银行可以把为小农户提供贷款作为金融企业的一部分社会责任。在泰国、印度等国就有这样的规定，金融机构要把一定比例的贷款贷给农户。各地的村镇银行也可以规定一定比例的小农户贷款。当然，对于具体的贷款比例，要通过认真调研再确定，要在村镇银行可以承受的范围内。

与商业银行有血缘关系的村镇银行，要创造新的不同于大银行的服务模式。要探索与种养大户、家庭（牧场）农场、农业专业合作社、农业产业化龙头企业等发展相适应的融资服务模式，甚至需要脱胎换骨，才能开拓出农村金融服务的“蓝海”。

第九章

“大洗牌”带来哪些投资机遇？

经济“大洗牌”也带来了新的投资机遇。泡沫是经济发展的附生品，它一直伴随我国经济的发展，尤其是在经济发展的兴盛期。当前，泡沫膨胀，经济发展却也在继续，有新的发展机遇和发展空间。

那么，在后危机时代的中国，有哪些机遇，哪些可以开拓的经济领域？首先是农村建设用地的制度性改革，它将带来我国城镇化发展机遇和铁道发展红利，成为中国经济改革的关键推动力之一。此外，随着我国老龄化社会的逼近与深化，老龄产业蕴藏着巨大的商机，将创造巨大的市场价值；而依托科技进步、有国家政策支持的光伏产业，也前景可观；铁路体制改革下的铁路运行也将重新起步，获得新的发展契机。

土地流转改革是城镇化新创举

农村建设用地的制度性改革，是中国农村改革的升级版，也是中国经济改革升级版的抓手之一。而中国在土地制度变革与城镇化发展上的探索与创新，也将为发展中国家提供一种新的范式，并为发展经济学贡献新的思想。中国的企业和投资者要抓住土地制度改革释放的战略机遇。

2013 年 4 月 3 日，李克强总理主持召开本届政府正式履新的国务院常务工作会议，部署现代农业综合配套改革试点工作。试点包括九项内容：创新农业生产经营体制；深化土地管理制度改革；创新农村金融服务；健全农业科技创新和服务体系；创新农产品流通方式和流通业态；推进水利建设与管理体制改革；完善粮食主产区利益补偿机制；整合涉农资金，把专项资金集中起来，由试验地区的地方政府统筹使用，以提高使用效益；加快城乡一体化发展。三十多年前，农村“包产到户”成了中国改革开放的突破口，今天的九项任务预示中国经济发展新版本将再次从农村的“改天换地”中破土。中国经济的发展被“逼”上了城乡土地“置换”的改革之路。这一土地改革新思路或将成为世界上在城镇化过程中解决土地问题前无古人的案例，也将成为发展中国家解决城乡“二元化”体制问题的思路参照。

九项任务的第二项提出“深化土地管理制度改革”。那究竟如何“深化”土地制度改革？据人民网的报道，“深化”意味着将“实行支持现代农业发展的差别化用地管理政策。规范推进集体经营性建设用地流转，逐步建立统一的城乡建设用地市场。严格农村集体土地征收管理，完善节约集约用地管理制度，创新耕地保护机制。改善农村宅基地有序退出机制”。“建设用地流转”，就是农村宅基地即所谓建设用地的使用权将被允许“转让”；“统一的城乡建设用地市场”，就是18亿亩“红线”不是简单的不可改变的农田耕种面积，而是全国范围内的总量控制；“创新耕地保护机制”，就是农村宅基地可以通过市场化方式转换为城市周边的建设用地。很清楚，如果土地制度有了这样的深化改革，将突破中国经济改革的多项瓶颈，释放经济持续发展的新动力。

土地流转将突破农民的收入瓶颈。三十多年前变集体生产为“包产到户”的土地管理体制的大胆变革开启了市场经济改革的大幕。但接下来的国企改革、对外开放、招商引资、世界制造业中心，以及持续20多年平均9%以上的增长，基本都是以城市为中心，改革“红利”辐射农村非常不充分。即使进城打工的农民工，也仍遭遇各种制度障碍，没能分享到足够的经济增长“红利”。城乡“二元化”，主要是收入水平的“二元化”，造成生活方式的“二元化”，土地分割又造成生产方式的“二元化”。中国要走出中等收入陷阱，首先是农民必须走出“低收入”陷阱。农村建设用地流转的基本思路，就是通过转让农民唯一有使用权的“财产”——土地，使其收入有显著提高，农民将是土地流转的最大受益者。

传统发展经济学的思路是，先有城市发展和工业发展，然后反哺农村反哺农业。但全世界的实践证明，如果没有特别的制度安排，反哺和辐射不会必然发生，虽然城市和工业的发展曾牺牲农民和农村的利益。

所以，农村建设用地转让的资金，绝大部分将分别按照各自出让土地的比例支付给农民。有经济学家计算过，虽然不同地方的出让资金可能高低不同，但因为城市商业用地和工业用地与农村建设用地的价格悬殊，农民可以一次性得到在现在生产力水平下从事农业生产十年甚至一辈子都挣不来的收益。土地转让，是当前让农民进入中等收入阶段的最佳方式。可见，这是土地制度的改革，也是收入分配机制改革的一部分，更是中国走出中等收入陷阱的必由之路。

农村建设用地的转让，也解开了城镇化的土地瓶颈。安居工程、创造就业机会的工业和商业用地，都推动了城镇土地的需求增长。在未来以每年1%的速度增长的城镇化过程中，用合理比例的建设用地“置换”城镇郊区和周边的农用地，将使整体土地资源通过市场化改革得到优化配置。

土地转让还将推进农业集约化、机械化和现代化进程，促使大规模整合土地和优化耕地成为可能，为“培育壮大股份合作社、专业合作社、龙头企业、家庭农场、专业大户等新型生产经营主体，发展多种形式的适度规模经营，引导和规范龙头企业与农民股份合作社建立紧密型利益联结机制”，为实现农业集约化、机械化乃至现代化创造了基本条件。当数亿农村劳动力变成城市居民后，必须有新的生产机制来保障农业生产活动。城镇化进程必须与变革农业生产方式同步，这是农业发展战略和农村改革系统工程的一部分。

土地流转的制度设计必须非常严谨。农村建设性用地合理转化比例的认定；分散的建设用地需要集合转让；转让必须通过政府批准的平台进行；转让价格通过拍卖方式确定；拍得者获得与城市用地同样规模的使用招标权利。土地流转权的转让是一次性的，不像股票和其他证券那样可以多次转让，避免了炒作和放大土地使用权规模。九项任务第八条提出的，“整合涉农资金，把专项资金集中起来由试验地区的地方政府统筹使用，以提高使用效益”，将通过集中转向转移支付的方式，支持农村改革发展需要的资金。显然，这也是一个打破部门之间的利益制约，加强部门协同合作的重大改革。

重庆和成都已推行了城乡统筹概念下的农村建设用地流转试点。重庆有350万农民拿到了城市户口，进城农民的土地通过地票形式转让。重庆在整体农村用地不变的情况下扩大了城市用地，为 350 万农民转变成城镇居民提供了重要的基础保证。成都试点则是以郊区农民的建设用地转让增加了城市建筑用地。重庆和成都的试点，都为土地流转的重大改革提供了可借鉴操作的经验。而全国范围的试点，应当从偏远农村着手。要尽可能让 30 余年改革受益最少的地区参与，首先让弱势人群分享到土地转让改革的“红利”。黑龙江省是这次国务院常务工作会议指定的农村改革九项任务试点省份。

如本文开头所说，农村建设用地的制度性改革是中国农村改革的升级版也是中国经济改革升级版的关键点之一。中国式土地制度变革与城镇化发展，将成为世界城镇化过程中解决土地问题的一大创举。中国将再次为发展中国家的发展探索提供新的途径，为发展经济学贡献新的思想。

投资什么，谁来投资，钱从哪来？

每当谈到中国经济增长动力的问题，一些学者就会强调，当下中国经济增长还是主要依靠“投资拉动”。在惯有的投资效应思维下，不少地方政府在现有政绩观的指引下，更是理直气壮地提出“大投资、大发展”的口号。实际上，按照经济学理论，在经济增长的“三驾马车”，投资、消费和出口中，投资需求是三大有效需求之一，任何经济体包括中国，要保证经济增长，投资增长都是必需的。在当下中国经济转型的阶段，要使经济增长从依靠“投资拉动”向“消费拉动”转变，需要一个过程。一些必要的相匹配的制度改革，包括收入分配制度改革、社会保障体制改革以及财政支出结构的改革等，都需要同步推进，这也需要时间。因此，在短期内，GDP增长结构中将仍然是投资占主要部分，但绝不能为了过高的GDP增长而盲目地增加投资规模，更不能期望通过投资达到“大上快上”的目的。把依靠“投资拉动”解释为“大投资”，这是与中国现阶段的转型战略格格不入的。如果盲目地推行“大投资”，势必会制造经济转型和发展的阻力，粗放式的“大投资、大发展”的增长阶段已经过去，经济增长方式到了需要脱胎换骨、彻底转变的时候了。

鉴于投资在经济中仍然占主要比例，同时还要避免投资的粗放式发展，并与转型的战略保持一致，就必须回答清楚三个问题：“投资什么”、“谁是投资主体”，以及“钱从哪里来”。

第一个要回答的问题是“投资什么”，有哪几种投资行为是需要改变的。

首先，我们注意到，危机之前的 2007 年，银行新增贷款 4 万亿元，占社会融资总额的 95%以上，经济增长 14.2%。这说明有效投资需求旺盛，经济活跃，资金周转迅速，乘数效应显著。2012 年，经济增长 7.8%，银行新增信贷 8.2 万亿元，社会融资总额 15 万亿元。两倍于经济增长的融资，显示出有效投资需求匮乏，投资效率很低。未来依靠投资拉动的经济增长，不能延续这种依靠信贷堆砌、资金泛滥的方式。

其次，近年来，我国经济增长都在 10%以内，而银行业却一直保持了 30%~40%甚至更高的利润增长。这样高于经济增长数倍的利润增长，很难解释为实体领域和企业从银行融资后的投资回报。也就是说，银行业数倍于经济增长的高回报，巨大的新增信贷规模，并未全部流入有效投资需求领域。在银行以利差收益为主的经营模式下，银行有很大的动力扩大以获取高利差收益为目标的信贷规模，而不管是否存在大量有效投资需求。随着利率市场化的进一步深入，以及政府融资平台的风险增大，银行业这种毫无顾忌地“粗放式”扩大信贷规模，支持不可能获取高利润回报的政府平台或者“公司化”的政府平台的“大投资”，以及支持其他并未产生真实回报的无效“融资”和“投资”活动，将会累积很大的风险。

最后，笔者被业内相关人士告知，目前一些产业的产能过剩严重。被举例的行业首推钢铁行业。目前，钢铁行业 9 亿吨产能只有前 3 亿吨是赚钱的，巨大的过剩产能导致钢铁价格不断下跌。另一例子是房地产行业。连续几年的调控使房地产投资从高于 20%的平均投资水平增长到不合理的 37%继而又下降到 22%的合理增长水平。未来占经济增长主要比例的投资增长不可能再依靠对过剩产能和房地产的高投资来实现。

未来的投资不能靠货币幻觉；不能靠银行以赢利为目标扩大的信贷规模、虚拟的投资需求;不能投资已经过剩产能和出现资产价格泡沫的行业。经济增长的依靠投资拉动,必须是靠有效投资需求拉动。

有效投资需求的最简单的定义,是一部分能够当期实现10%左右的社会平均资本收益率的投资,比如当期必要的生产生活资料的投资,满足一般衣食住行的投资等。另一部分是未来能够带来成长收益的投资,比如中西部的基础设施、城市轨道交通、新兴战略产业的技术研发,以及农业水利建设、环境的治理、城乡饮水质量的改善,以及诸多领域的服务业等。后一部分的投资一定要尊重产业和经济发展规律,切不可再犯太阳能、风能盲目扩大产能的无效投资错误,使所谓的清洁能源产业战略还未开始就陷入危机。国内有很大的潜在有效投资需求,特别是在一些体制性的改革同步以后,制度"红利"将释放更多的投资机会。

第二个需要回答的问题是"谁来投资"。经济学理论认为,政府过度的投资会对私人投资产生挤出效应,而且政府投资的效率较低将导致资源不能优化配置。在实际实践中,政府投资包括很多国有企业的投资确实存在既不公平也没有效率的问题。如何使民营企业和民间投资成为竞争领域的投资和运营主体,是中国实现经济有效率增长不能回避的问题,是推动中国经济进一步市场化发展的关键,也是经济体制改革必须面对的问题。政府的投资应该集中在一些公共事业领域。

第三个需要回答的问题是"钱从哪里来"。如果以民营企业的投资为主,民间资金的各种社会融资模式将是资金提供的主要方式。民间资金规模巨大。从总量上看,居民存款余额从2007年的14万亿元增加到2012年的41万亿元,5年增加了27万亿元,3倍于过去几十年的增长。从微观层面看,民间小额信贷公司已经超过6000家,实际从事信贷的担保公司超过万家,股权投资基金也以万家计算,还有大大小小的投资公司不计其数,这些投资机构的资金总量应该是数万亿元甚至十数万亿元。如果能够给民间资金在竞争性行业中以更大的投资空间,引导民营企业善用巨额资金，实体经济任何规模的投资都不会缺钱。但如果引导不当，逐利性极强的民间资金大规模进行“钱”赚“钱”的影子银行活动，将可能引发某种程度的金融危机也非危言耸听之词。

政府投资的公用事业包括铁路、城市轨道交通、供水供电、污水处理等，这些过去都属于自然垄断的行业，但是，现在，也可以通过合理的定价和制度规范管理吸引民间资金参与进来。在未来财政收入不可能大幅增长、支出结构更多向民生领域倾斜、政府投资预算减少的情况下，要避免政府公共投资依靠银行融资带来的金融风险，设计吸引民间资金投资参与的制度是非常必要的。实际上，只要对曾经操作过的一些制度进行必要的调整和改进，变静态安排为更动态的安排，BOT、BT（building-transfer，即建设—移交，是政府利用非政府资金来进行基础非经营性设施建设的一种融资模式）等一些引进私人资本参与公用事业建设的基本模式还是可以借鉴的。

银行信贷融资虽然已经从过去占社会融资总额 95% 以上下降至 60% 左右，但仍然是最重要的投资资金来源。银行资金规模巨大，并且银行仍然是居民和企业储蓄的主要机构。如果进一步优化配置银行信贷结构，将对有效投资需求的增长乃至经济增长有举足轻重的作用。

证券市场的股权债权融资是储蓄转化为投资的最直接的渠道，而且未来企业融资一定会逐渐以直接融资为主。不过股权债权融资是长期融资行为，企业的短期运营资金不能通过证券市场筹措。不具成长性的创新和创业型企业也不适合通过证券市场获取初期的发展资金。成熟专业多层次的融资体系，包括天使、风投、股权投资基金的投资资金，是支持初期创新创业型企业最合适的资金。

夕阳无限好：中国老龄产业发展前瞻

老龄产业是随着人口老龄化而发展起来的一种新型产业，是为老年人口提供产品或服务、满足其衣食住行用以及精神文化等方面需求的综合性产业体系。老龄产业亦被称为“银色产业”、“银发产业”。老龄产业的兴起是人口老龄化的必然结果。当前，中国老年人口在总人口中的比例不断增加，这将带来一场深刻的人口革命——中国将步入老龄化社会。

需求篇

自 1999 年步入老龄化社会以来，我国人口老龄化加速发展。我国老年人口基数大、增长快，高龄化、空巢化趋势日益明显，需要照料的失能、半失能老人数量剧增。目前，中国是世界上唯一一个老年人口超过 1 亿的国家，且正在以每年 3% 以上的速度快速增长，是同期人口增速的 5 倍多。预计到 2015 年，中国老年人口将达到 2.15 亿，约占总人口的 15%；到 2020 年，老年人口将达到 2.43 亿，约占总人口的 18%。同时，与发达国家人口老龄化特点不同，中国农村人口老龄化水平高于城镇，绝大部分老年人生活在农村。随着城市化进程的加快，农村的养老问题十分严重。而且，中国的人口老龄化是在“未富先老”、社会保障制度不完善、城乡和区域发展不平衡、家庭养老功能弱化的形势下发生的，社会养老服务体系建设面临前所未有的挑战，加快社会养老服务体系建设已刻不容缓。

在这种形势下，2011年的“两会”，国家民政部第一次走到台前，以“困难群众生活救助和养老服务体系建设”为主题召开新闻发布会，就国家养老等民生问题做了政策预报。同年12月，国务院新闻办印发“十二五”《社会养老服务体系建设规划(2011—2015年)》，规划涉及养老服务标准、运行机制和监管机制的问题。规划第一次全面规划了中国养老服务的发展。无论从国家战略的角度，还是经济转型推动投资拉动消费的角度，或是从社会发展改善民生建设和谐社会的角度，老龄产业的发展都与中国未来经济、社会、国家的发展目标完全一致。政府第一次表示出对养老事业如此高度的重视。

巨大的市场需求，政策的全面支持，一个具有巨大潜在成长性的新兴朝阳产业——老龄产业将迎来前所未有的发展机遇。下面的数据可以印证这个判断。

第一，中国进入人口老龄化时期。国际认可的老龄化社会标准是当一个国家或地区60岁以上人口所占比例达到或超过总人口数的10%，或者65岁以上人口达到或超过总人口数的7%时，这样的人口即称为“老年型”人口，这样的社会即称为“老龄化社会”。民政部数据显示，目前，中国60岁以上老年人口已达到1.67亿，占总人口的12.5%。每年还在以3个百分点的速度增长，预计到2030年，我国老龄人口将达到3.5亿，到本世纪中叶，中国的老年人口将达到4.5亿，约占总人口的33%。中国人口老龄化已超过国际公认的标志线水平，中国已经进入人口老龄化时期。

第二，老龄化在加速。与欧洲和北美国家相比，中国人口老龄化的发展速度要快得多，东亚国家和地区都有这样的共同的特点。如果以1999年步入人口老龄化社会为起点，中国开始经历世界上规模最大、速度最快的人口老龄化进程已有十余年，中国65岁以上老龄人口已经占了总人口的8.5%。按照3%的年增长速度，我国老龄化指标从7%发展到14%最多只要27年的时间；而法国是用115年完成这样的过渡，瑞典是85年，许多国家都是50年以上。

第三，老龄服务的社会化需求增长。调查显示，1998年，在有65岁及以上老人的家庭户中，只有一对老人生活的家庭占11%，单身老人户占10.44%，两项合计占到21.44%。社会家庭结构的变化，使得“空巢家庭”越来越多，传统的老年人与子女一起居住的养老方式已经改变。空巢老人的日常生活无法得到家庭亲属的照料，迫切需要老年服务的社会化发展。随着经济的发展，老年人特别是城市老年人的养老消费观念也在发生巨大的转变，老年服务社会化是现代社会的发展趋势。

第四，养老服务的需求市场巨大。2009年8月，零点前进策略公司所做的调查显示，当前，中国老年服务市场年需求非常保守地估计也超过了4000亿元，到2010年，该数字便达到了10000亿元。民政部社会福利和慈善事业促进司也有一个根据中国台湾公共养老需求总量计算的老龄产业需求。中国台湾地区有2000万人口，其养老有3000亿新台币（约合人民币650.7亿元）的公共需求。按照这个水平推算，中国大陆养老服务创造的需求应该在3万亿元以上。未来，与养老相关的公共设施建设投入如果低于5000亿元是远远不能满足需求的。

第五，退休金支付能力增长。根据中国老龄科学研究中心的一项调查，目前，中国城市老年人中有42.8%拥有存款，仅其退休金一项在2010年就有8383亿元，到2020年为28145亿元，到2030年为73219亿元。此外，在城市60~65岁老年人口中，大约有45%的老年人会选择继续就业，他们除了退休金之外还将会有额外收入。老龄服务的消费支付能力提高是需求市场扩大的基础。而老年人不断增长的收入水平，使老年人具有不断增长的独立消费能力。从退休金增长的规模预测，到2020年，我国老年人的消费能力将增长2.36倍，2030年将比现在增长7.73倍。

综上所述，可以确定，中国老龄服务的需求市场规模将完全可能创下全球第一的纪录。

供给篇

伴随人口老龄化的加速，中国的养老服务市场需求呈几何级数增长态势，但是，当前我国养老服务的发展严重落后于需求的增长。

首先，养老服务供给严重不足。中国养老问题一直以来主要是通过政府提供较基本的福利性质的养老机构和设施来解决。数据显示，我国的养老服务设施发展严重滞后。改革开放至今，全国现有养老床位 246 万张。而按照“十一五”规划目标，到 2010 年，农村敬老院床位就应该达到 309 万张，城镇则应该达到 138 万张。但截至 2008 年年底，我国农村敬老院床位数为 193.1 万张，城镇老年福利机构和社会福利院床位数共为 62.9 万张。“十一五”规划的目标显然没有实现。

2010 年，我国人均 GDP 达到 4000 美元的中等收入水平，按照中等收入国家的床位标准，百名老人应该达到 4~6 张床位。按照“十二五”规划增加 300 万张养老床位的安排，即使完成“十二五”规划指标也只能做到每百名老人 3 张床位。而且“十二五”规划中政府提供的 300 万张床位只是满足最低的保障，是要在一些乡镇及中等城市建立示范试点，形成示范效应，因此远远不能满足日益增长的养老服务需要。根据全国老龄委提供的数据，当前，我国每年为老年人提供的产品与服务总价值不足 1000 亿元，缺口达 9000 亿。国内许多产业都产能过剩，老龄产业则是产能严重短缺。

其次，公共养老发展不够充分。尽管政府提供的养老设施数量与实际需求有很大差距，现有的公共设施却也没有得到充分的使用。从民政部 2009 年的数据来看，全国 266 万张床位只收养了大约 210 万人，也就是说，国家提供的床位还有 20%的空置。

一方面是公共福利体系提供的床位数没有达到老龄人口所需，另一方面是仍然有 20%的床位没有被使用。这里既有管理模式落后的原因，也有设施和服务等落后的原因，这导致出现有钱的人不满意服务水平，想使用服务的人出不起钱的现象，或者是福利性质的养老设施只能是针对特定人群。另外一个误区是，当前很多人把养老服务理解为医疗服务，有很多地方把老干部安置在医院的单间或高干病房中，浪费了有限的资源。公共养老体系的全面和综合性服务需要提升和改进，定位也需要调整。

另外两个事实也需要弄清楚。其一是中国传统居家养老服务的水平和层次很低。因为传统观念、收入水平以及福利保障缺乏等多方面的限制，中国现阶段90%以上的老年人仍然是以居家养老模式为主。这种传统的居家养老，实际上只是一个从工作到不工作的状态转变，与颐养天年的概念差得很远。特别是中国的失能老人达数百万，居家养老的护理、康复，包括日常生活的照料服务供给等都严重短缺，能够提供上门服务和护理的人员基本没有。居家养老的综合性服务供给需要全面改善。

其二是中国的社会化养老产业基本还没有获得发展。改革开放以前，我国经济落后，不可能产生福利性质以外的公共老龄产业社会需求，传统居家养老一直占主导地位。随着老龄化的加速，以及家庭结构的变化，我国社会化养老需求呈快速上升态势，仅仅依靠政府的福利体系远远不够。特别是从未来5年10年或者更长一点的产业发展来看，老龄化增量人群的养老观念和方式可能发生很大的变化，社会化、市场化、更现代化的养老方式，可能成为主流。从国外的养老服务模式来看，以老年公寓作为养老产业的载体，配套完备的相关服务——保健护理、医疗卫生、文化娱乐，以及休闲旅游等的社会化市场化综合服务模式，是比较成功的发展模式。形成中国社会化的养老综合模式需要推动老年疗养市场、老年服务市场、老年娱乐文化市场，以及老年旅游市场的全面开拓。

老龄服务产业凸显的是中国庞大的养老服务“需求”，相比而言，当前，我国各种养老方式的服务供给都存在巨大的缺口，我国老龄产业的发展严重落后。

那么，中国老龄产业为什么长期没有得到发展呢？第一，政府过去重视不够。养老体系一直都是作为公共服务体系的一部分，但是没有得到公共服务的提供方——政府的足够重视。是从 2004 年以后，政府才开始重视，但未达到一定的高度。2008 年金融危机以后，中国的经济战略转为转变发展方式、扩大内需。中国社会呈现老龄化加速的特征，养老问题凸显，从这时候，“十二五”规划开始，我国才对老龄产业给予特别的关注，将养老服务建设列入政府工作日程。

第二，政府财政投入不足。国家已经制订过三个老龄事业发展的中长期规划，但每个规划都没有规定资金投入机制，“老有所养”没有进入到操作层面，规划中的具体目标难以落实。

第三，思路不开放，制度建设的路径不对。老龄产业的巨大需求市场需要社会力量的全力关注和积极参与，但是当前的政策设计不能鼓励更多的民间资本参与进来，当前也基本没有真正市场化的老龄产业和老龄产品供给。单靠福利形式的社会服务难以满足包括居家养老在内的各种养老范式的养老服务需求。

养老供给短缺的改善应该从以下几个方面着手。

第一，短期内改善居家养老现状，建立居家养老服务体系，培养养老服务和护理人员，引进比较先进的服务和护理理念，包括配套的服务设施，推动居家养老方式的规模化和产业化。

第二，增加公共养老服务的供给，逐渐加大对“未富先老”老龄群体的覆盖。

第三，支持老龄产业的社会化，充分发挥市场机制的作用，改变目前老龄事业中政府行为和福利性事业占较大成分的状况，通过多种形式的社会化、产业化，引导民间资本参与，满足不断增加的养老服务需求。

“十二五”规划关于老龄产业的发展模式已经非常明确，即政府宏观指导与管理，多种力量兴办，多种经济形式并存，老龄产业本身遵循市场自主经营的管理体制和运行机制，开拓满足不同消费群体的养老服务市场。

最后，老龄产业的发展需要立法支持。国家层面最重要的是要通过立法和制定市场规则，完善社会保障制度，包括修订《老年人权益保护法》，来保护老年人以及为老年人提供服务的机构的权益，为社会资本进入老龄产业奠定法律的基础。

投资篇

“十二五”以转型为主题的规划，让我们看到老龄产业发展的环境开始变化，各相关行业的投资资金都应该关注其进展，抓住老龄产业不同阶段、不同领域的投资机会。

一方面，要看到老龄产业可能成为新兴产业。“十二五”规划新的发展思路使老龄产业迎来发展契机。

第一，政府开始高度重视发展养老产业。党的十七届五中全会和“十二五”规划对养老问题提出了基本的原则，“十二五”规划中专门列出了关于养老体系的专业规划。

第二，政府行动迅速。民政部在2010年10月召开了全国养老服务体系建设推介会，这是十七届五中全会之后国家部委拿出的第一个应对“十二五”规划的总体方案。会议重点提出，由政府主导，社会积极参与，加大养老服务事业的开发，形成养老机构、居家养老、政府提供养老服务三方面协调发展的格局。老年人可以根据自身情况选择不同的养老方式，这是中国今后养老服务业发展的目标。

第三，成立了承担政府职能的机构。2010年2月，民政部成立了直属机构——中国社会福利协会，一定程度上承担起政府职能。协会已经着手制定标准，开展人才培训，国家已经拿出1000万元预算资金进行高级护理员的培训，同时加强信息系统建设；协会将向致力于养老服务产业和将要转向养老服务产业的专家、学者、管理者、经营者、投资者提供全方位的服务。

第四，中国社会福利协会向全国倡议建立关注老人专项基金。这个基金用于全国养老服务产业和养老服务平台的研究和研发，开展对老龄产业的产业链上各方面问题的深入探讨，包括老年人居住生存环境的模式、居住环境的设计模式、康复设计模式、文化服务设计模式、养老服务机构管理模式、老年人护理管理模式、养老机构和老年人信息化管理模式以及养老机构人才培训管理模式等，以推动老龄产业的全面发展。

第五，政策全力支持民间资本进入老龄产业。民政部表示将全力支持发展老龄产业，对之给予更多税收和补贴等方面的优惠政策，鼓励更多社会力量加入养老服务业，推进养老产业发展，使其成为“十二五”规划中推进服务业发展的重要突破口。在发改委版的基本养老服务规划中，有一条引人注目：“大多数中等收入老年人的养老服务，社会公益性强，是当前建设和发展的重点，是基本养老服务体系的主要拓展领域，需要政府主导，引入社会力量积极参与建设和运营。”针对老龄产业的发展新政，为所有类型的资金，包括私募基金参与老龄产业打开了大门。

另一方面，要注意到老龄产业可能带来的经济贡献。初步测算，老龄产业发展将对我国经济有以下贡献：第一，拉动就业。到 2030 年，我国将有 3.5 亿老龄人口，按照每 60 人需要 3 人护理的基本水平计算，仅此一项将拉动护理方面就业人员 1750 万，加上产业链上的人员需求，将至少增加几千万个就业机会。第二，老龄产业的发展将推动经济发展方式转型。有估计认为，2020 年，我国老龄产业消费将超过 2000 万亿元，占 GDP 的 3%；2030 年将超过 8 万亿元，占 GDP 的 5%。这将对向以消费增长为主的增长方式转型，以及服务业的发展和产业结构调整，都产生积极影响。第三，按最低税率，每 1 亿老龄人口的总个人所得税缴纳能力接近 286

亿元，3.5 万亿人则将有超过 1000 亿元的个人所得税，老龄产业链上各行业产生的税收就更高。第四，按照经济增长规律，随着老龄产业的发展，养老基金在资本市场上的投资规模将不断扩大，逐渐变成资本市场的主力。有计算认为，到 2030 年，养老基金将可能占到资本市场市值的 30%。第五，综合影响。老龄产业的发展，可以使人口老龄化转化为老龄人口“红利”，即第二次人口“红利”——由老龄人口的就业能力、纳税能力、消费能力和投资能力组成的经济贡献率，以及其对调整产业结构、拉动消费和增强市场发展后劲，乃至社会和谐与文明的积极影响，这些共同构成了未来经济增长的新的人口“红利”。

我们发现，发达地区的一些民间资金已经先行。一些发达省市政府在支持民间资本推动养老产业发展方面已经积累了经验。上海养老产业的发展在全国领先。上海及其周边户籍人口有近 22% 是老年人，是中国老龄化程度最高的地区。上海市政府鼓励民间资本进入养老产业，对其给予税收上的优惠或补贴，比如每张床位每月补贴 100 元。北京太阳城是一个在养老产业中捷足先登十年的民营房地产企业，它以住宅为载体，采用为老人提供全方位综合服务的模式。北京一家专门从事资产经营的公司，从央企主辅分离中获得了养老商机。他们发现了位于北京市房山区石花洞风景区的一家央企下属建筑，把其中闲置十年的招待所、办公楼、车间、食堂等，装修改造成了一个养老社区。这个规划面积 15 万平方米，改造建设养老床位 1000 张，为入住老人提供生活起居、养生膳食、文化娱乐、医疗康复保健、临终关怀等综合服务的社区，有效利用了闲置多年的资产，妥善安置了辅业改制人员，仅其一张床位的年收入就达 2 万多元。

这种利用辅业资产建立养老产业的模式被四川、武汉等省市复制，形成了一定规模。中国各个地区的老龄化程度不同，区域性条件不同，人们对养老的需求也不同，一些地方政府尝试创造一个让民间资本进入养老产业的良好政策环境。比如大连的养老超市、大连工人养老院与日本上村友好介护株式会社共办的“旅游养老”模式、重庆的“医（疗）养（老）结合”方式、宁波的首家养老照护培训基地、海南的异地养老等诸多细分形式都得到了当地政府政策的支持，这表明中国经济发达地区的养老服务将可能再次率先开始产业化进程。

中国的老龄产业蕴藏着巨大的商机，其特点表现在广阔的市场和较长的产业链两方面。最基础的市场是老年公寓市场，一般社会化的老龄产业模式都是以房地产作为养老产业的载体，投入养老服务产业市场是部分房地产企业一个很好的转型方向。社会化养老的全面综合性服务模式将开拓诸多细分市场，如老年疗养康复市场、老年生活服务市场、老年娱乐文化市场、老年旅游休闲市场。每个市场都有很长的产业链，都需要配套相关服务，这给各个行业和领域，包括保健护理、医疗卫生、文化娱乐、休闲旅游、人员培训等，都提供了发展机会。

需要注意的是，政府公共福利体系应更多关注“未富先老”的情况。国内各地区收入水平存在差异，面对支付能力较低的老年消费群体，政府的公共投入需要加大，以提供不同层次的消费服务，开拓不同层次的老龄服务市场。

未来的中国，服务业占GDP的比重将大幅上升，老龄产业将是服务业发展的新的突破口，政策已经开始对此有所作为。老龄产业是一个很有挑战性的行业，也是一个充满机会的行业。老龄产业的发展会使庞大的老年群体享受到“夕阳无限美好”的生活和人生，也会使其成为一个具有巨大潜在成长性的新兴朝阳产业。

洗牌后的光明：光伏产业的投资价值

众所周知，太阳能是未来最清洁、最安全和最可靠的能源，全球发达国家都把太阳能的开发利用作为能源革命的重要内容做长期规划，光伏产业是能源革命中的战略性新兴产业。十年来，中国的光伏产业发展得风生水起，已经形成了比较完整的产业链，2009年，中国内地多晶硅的产量超过了20000吨，太阳能电池产量超过了4000兆瓦，连续三年成为全球太阳能电池的第一生产大国。

然而，经过高歌猛进的黄金十年之后，光伏产业内部积聚的产能过剩矛盾已经到了崩溃的边缘，又恰逢全球金融危机，和以欧美为首的一些国家的反倾销反补贴调查，国内光伏产业的危机被迅速放大。这个靠政策扶持起来的行业已经负债累累，大企业面临资金链断裂的风险，小企业则更多地选择了“走为上策”。

2013年3月18日，中国光伏企业巨头无锡尚德太阳能电力有限公司宣布破产重整。从天堂到地狱，十年辉煌走到尽头。中国的光伏产业，在一片大好的形势下，为何遭遇这样的困境？究竟是中了什么样的“魔咒”？

中国光伏产业的大跃进之痛

在2005年无锡尚德成功在美国上市后，光伏似乎成了一个闪耀着光环的魔咒。在这个带着魔咒的光环吸引下，各地政府都将光伏产业作为重点发展的战略性新兴产业，主导建立了众多的“太阳城”和“光伏产业园”。各地的光伏产业发展规划和扶持政策也纷纷出台。通过各地政府的大力招商引资，更多的光伏企业和项目上马。据不完全统计，全国有 300 多座城市提出了大力发展光伏产业的口号，其中不少城市打造了大规模的光伏产业园，数十个光伏产业园制定了高达上千亿元的产值目标。

十年大跃进式的发展，中国光伏产业逐渐暴露出难以掩饰的诸多问题：过于追求规模效益，而不是技术效益，企业大多是在国际上采购原料、设备，应用国外的生产技术，然后再将成品卖到国外。实际上是以规模压低成本，而不是靠科技创新来占领市场。显然，国内光伏行业最大的问题是利益驱动，自从尚德上市后，很多企业纷纷涌入多晶硅生产和组件行业。地方政府也受到利益驱动，导致整个行业盲目扩张，才造成了今天这种状况。

2012 年 7 月 24 日，欧洲光伏制造商向欧盟提起对华“反倾销”调查申请。2012 年 9 月 6 日，中国等来了欧盟委员会对中国光伏产业反倾销调查的正式立案。欧盟的反倾销“大棒”给中国光伏产业带来致命打击，中国光伏产业遭受了灭顶之灾，竞争优势不复存在。

新政府力挽狂澜，打响光伏产业“保卫战”

自 2012 年欧盟开始对中国光伏产品进行“双反”调查后，李克强就关心这场光伏产业“保卫战”。在李克强看来，要打造中国经济“升级版”，光伏产业是其中新能源产业的重要发展方向。

2013 年 5 月下旬，李克强第一次以总理身份出访瑞士和德国。在与德国总理默克尔会面时，得到了默克尔的支持，双方均表示，不赞成对中国光伏产品征收永久性关税。从欧洲归来后，在和欧盟主席巴罗佐的通话中，李克强说，如果欧方执意采取制裁性措施，中方必然要反制。媒体称，这是中国政府高层第一次对欧盟明确传达反制裁的强硬态度。中方的努力取得成效，欧盟做出初裁决定，在最后一刻将临时反倾销税从47.6%下调到11.8%。显然，这一胜利结果来之不易。

紧接着，2013年6月14日，李克强主持召开国务院常务会议，部署了六项政策，扶持光伏产业。这六项政策：一是加强规划和产业政策引导，促进合理布局，重点拓展分布式光伏发电应用；二是电网企业要保障配套电网与光伏发电项目同步建设投产，优先安排光伏发电计划，全额收购所发电量；三是完善光伏发电电价支持政策，制定光伏电站分区域上网标杆电价，扩大可再生能源基金规模，保障对分布式光伏发电按电量补贴的资金及时发放到位；四是鼓励金融机构采取措施，缓解光伏制造企业融资困难；五是支持关键材料及设备的技术研发和产业化，加强光伏产业的标准和规范建设；六是鼓励企业兼并重组、做优做强，抑制产能盲目扩张。

会议还指出，要围绕稳增长、调结构，陆续出台扩大内需的举措，打造中国经济“升级版”。光伏产业是新能源产业的重要发展方向，当前，中国光伏产业已具有相当国际竞争力，但受全球光伏市场低迷、国内市场应用不足等影响，出现生产经营困难。国家必须支持光伏产业走出困境，并健康发展。光伏产业要在努力巩固国际市场的同时，用改革的办法，发挥市场机制作用，着力激发国内市场有效需求，推动产业创新升级。

中国光伏产业的未来发展思路

我们认为，国务院的六项政策显示了光伏产业的三个全新发展思路，纠正了以往国内光伏产业存在的发展误区。同时，中国的光伏产业也亟待结束“野蛮”生长时代，从盲目的丛林混战中回归正常轨道，彻底改变过去错误的发展思路，按照产业的发展规律，成为真正意义上的战略性新兴产业。

在这诸多调整中，首先是调整了战略性新兴产业加工贸易性质的定位。

中国光伏产业是从加工贸易开始的。从发达国家进口多晶硅中间产品，加工配套完成太阳能发电板生产，然后出口欧洲和美国。德国是我国非常重要的太阳能出口市场。而当前光伏加工贸易产业遭遇两个发展困境。

首先，受国外消费市场的制约。欧债危机使得发达国家的财政紧缩，大幅降低了对光伏使用的补贴。西方光伏消费市场萎缩导致中国光伏出口受阻。

其次，受国内光伏产业产能盲目扩大的困扰。“十二五”规划从整体发展战略的角度将清洁能源纳入战略性新兴产业的发展目标。一些地方政府没有从战略高度研究如何推进光伏产业作为战略性新兴产业的发展，而是延续生产总值增长的偏好和传统的依靠投资拉动增长的思路，盲目加大对以加工贸易为定位的光伏产业的投资，在国内市场并未打开之前，误导更多的民营企业加入光伏设备的制造领域，推动光伏产业的产能扩张。在国外需求下降，国内市场完全没有开拓的形势下，供给的大幅增长，导致光伏产业作为中国经济持续发展重大战略规划的一部分还未开始，就已经产能过剩，并且遭遇欧盟和美国的“双反”诉讼和欧盟的反倾销惩罚性关税。

清洁能源战略是能源战略和降低排放污染应对全球气候变暖战略的一部分。光伏产业作为战略性新兴产业，其使命是要在国内逐渐扩大清洁能源的使用，部分替代不可再生能源和高污染能源，缓解能源和环境问题瓶颈，创造未来经济可持续增长的重要战略契机。加工出口贸易不是战略性产业的主要目标。按照出口加工贸易的思路发展光伏产业，给光伏产业带来了很多困扰。措施第一条就提出要加强规划和产业政策的引导，促进合理布局，“重点拓展分布式光伏发电应用”，确立了光伏作为国内替代能源的战略功能。

这次调整纠正了盲目扩大产能、违反新兴产业发展规律的错误。产业的发展应该有自身的规律，不论传统产业还是新兴产业。产业发展最基本的发展过程应该是

“研发—市场—规模生产”。任何一个产业的发展，都应该是先投资研发，突破相应的技术瓶颈，再打开消费市场，最后才是扩大产能。在没有突破关键的技术障碍和打开消费市场之前就盲目扩大生产，导致还未开始发展就出现产能过剩。太阳能开发领域出现的诸多问题就特别典型。

对于太阳能开发来说，技术瓶颈本应是上网电路的不稳定问题。太阳能发电某种意义上是“看天吃饭”的行业，发电过程非常不稳定，如果上网，将会带来电网的不稳定。但是，很长时间没有看到任何方面关于稳定电网的研究和技术改进。而本应按照2006年制定的《可再生能源法》对光伏发电量全额收购的国家电网，则以光伏发电不稳定为由，拒绝将太阳能发电接入电网。如果不能上网，也就不可能有消费和使用的市场扩张，一味加大设备生产的投入，扩张生产规模，结果当然是产能过剩。本次国务院会议措施二明确规定，电网企业要保障配套电网与光伏发电项目同步建设投产，优先安排光伏发电计划，全额收购所发电量。

“全额收购所发电量”说明光伏发电不稳定的技术问题已经不是障碍，阻碍光伏产业拓展国内市场的最关键环节已经被打通，而措施三关于完善光伏电价支持政策，保障对分布式光伏发电按电量补贴的资金及时发放到位，大大增强了电网接纳光伏发电接入的意愿和动力，为未来消费使用市场的拓展打开了大门。

产业发展的第二步是要推动使用和市场消费。当技术障碍扫除后，新产品应该比较使用者爱好，新兴产业的发展进入扩大消费市场阶段。因为光伏电价高于火电价，政府应当在开始的时候采取适当补贴消费者的政策，鼓励清洁能源的使用。

产业发展的第三步才是扩大生产。当新兴产业的新产品被市场认可，需求增加，消费市场不断扩大，企业扩大生产形成规模效应，成本也会降下来，价格也会下降。只有在消费市场已经存在，加大生产层面的投入，扩大生产规模，实现边际收入大于边际成本的利润最大化时，产业才会真正进入成长阶段。政府的补贴也就完成历史使命而功成身退。

在电网企业要保障配套电网与光伏发电项目“同步”建设投产的措施中，光伏发电的消费市场的拓展至少要与发电项目的扩张“同步”，才能很好地避免措施六中担心的“产能的盲目扩张”。

特别值得注意的是，六条措施并非是一个权宜之计，措施五专门强调，要支持关键材料及设备的技术研发和产业化。中国的光伏设备生产行业在技术上像其他制造业一样，与国际水平还存在距离。而且清洁能源往往是消费清洁，生产是污染的。如果不能在技术上不断改进，不但不会节能减排，结果反而可能适得其反。

发达国家深知产业发展的真谛，遵循新兴产业的发展规律，政府投资成为研发资金的大头，而不是投资在生产环节。希望在新措施下，政府对新兴产业的技术研发投入能占到一个合理的比例，政府产业发展资金应大力度投资研发和进行消费补贴，而不是直接支持生产规模的扩张，只有改变粗放式的依靠投资扩大生产规模的发展方式，才能实现战略性新兴产业的发展目标。

光伏设备生产企业大多是民营企业，措施四鼓励金融机构采取措施缓解光伏企业的融资困难。不过非常希望光伏企业能专心发展主营业务，不要把企业当作融资平台卷入太多资本运作的陷阱。市场也不能像过去那样，炒作国家重视发展光伏产业的概念鼓励短期的“政策套利”行为，这将不利于光伏产业的发展。对于大规模的民间资金和大量的投资者来说，只有光伏产业真正地发展起来，投资新兴产业才不是一个概念上的投机行为，才是实实在在可以从中获利的理性投资行为。

国务院的六条措施实际上还原了光伏产业“新兴战略性产业”的定位，从根本上扭转了过去光伏产业在发展上的误区，解决了光伏产业发展面对的真正问题。如果新兴产业成功实现转型，将来能在大西北戈壁滩上铺上太阳能发电板，那么中国的清洁能源战略和经济可持续发展战略都将跨上新的台阶。

再上路：铁路产业的未来之途

2013 年 3 月，国务院启动大部制改革，铁道部等多个部委均在调整之列。依照方案，铁道部将被撤销。为实行铁路政企分开，国家组建了铁路局和中国铁路总公司。原铁道部拟订铁路发展规划和政策的行政职责被划入交通运输部。而组建的国家铁路局，由交通运输部管理，承担铁道部的其他行政职责，比如负责拟定铁路技术标准，监督管理铁路安全生产、运输服务质量和铁路工程质量等。组建中国铁路总公司，承担铁道部的企业职责，负责铁路运输统一调度指挥，经营铁路客货运输业务，承担专运、特运任务，负责铁路建设，承担铁路安全生产主体责任等。

大部制改革尘埃落定，政府职能转变是改革的核心。特别是铁道部的政企分家，是力度很大的体制性变革。不过，铁路体制改革只是刚刚开始。在 2013 年"两会"记者会上，有记者问到火车票价格是否会下降，这个事关百姓切身利益的问题，实际上取决于未来铁路的运行机制。只要运行机制明确，定价机制也就明确。如果继续简单地由发改委定价，政企分家带来的改变就十分有限了。不过，我们分析认为，未来不论采取什么样的运行机制，票价上升的概率都大大超过下降的概率。

政企分离后，如果继续进行市场化改革，则铁路运行可以有几种运行模式，或者说几种不同的市场结构。不同的市场结构有不同的市场价格形成机制，不能简单地说由“市场”定价，也不能简单地说由“发改委”定价。

如果由“铁道总公司”一家运行，就是典型的“垄断”市场结构。“垄断市场的“市场”定价有两个特点。第一，因为只有一家公司没有任何竞争者，价格由垄断企业决定。第二，遵循边际成本等于边际收入的定价原则。垄断公司的利益最大化一定是通过最大限度地获取消费者剩余实现高额垄断利润。根据市场结构经济学的分析结论，垄断市场的价格不是由市场均衡意义上的供求决定，而是由垄断市场的需求（边际收入曲线）与供给（边际成本曲线）决定。这样的“市场”定的价格一定是高于市场均衡价格，由这样的价格确定的产量一定不能满足整体市场的需求（大于垄断需求）。垄断市场存在垄断企业为了自身利益伤害消费者利益的外部经济效应，也就是说，垄断市场属于一般市场定价机制失灵的市场。所以，市场结构经济学认为，政府有必要对垄断市场进行干预。政府干预的目标，是让垄断企业面对整体市场需求，提供促进市场均衡的产量并使供求达到均衡的价格。市场均衡供给是大于垄断供给的，市场均衡价格也低于垄断价格。

如果“铁路总公司”是一家运行的垄断企业，价格是要受到政府干预的。不过政府也不能随心所欲地拍脑袋，应该按照“自然垄断”企业的定价原则，把价格定在运行的边际成本上。如果价格定在边际成本以下，“铁路总公司”就会出现亏损，政府就要补贴。铁路总公司一直以来都在亏损，严重贪污浪费是原因之一，票价定在边际成本以下也是原因之一。所以，如果铁路下一步运行是以垄断市场结构的形式出现，票价较过去提高的概率是大于下降的概率的。

第二种可能的运行模式是效仿电信行业那样成立三家公司，形成寡头垄断的市场结构。根据过去的经验，如果三家公司都是国有企业，那么，虽然从国有垄断的概念上，这与垄断市场结构没有太大的区别，但是串谋价格的可能性不大；不过，如果三家企业之间没有引进竞争机制，那么三家企业与一家企业的不同只不过是他们在各自的势力范围内“垄断”而已，就是所谓寡头垄断。比如电信业三家公司在设立初期也有一番混战，待势力范围划定以后，便各自玩自己的所谓“套餐游戏”，让不少人陷入套餐陷阱，而在实质性的服务上，消费者很少感觉有明显的改善。在移动网络快速发展的时代，安于各自垄断利润的经营方式是会失去竞争力的，除非永远不开放，让三家公司自娱自乐，就是苦了消费者。不过如果能够引进“带号转公司”的竞争机制，形势就会完全不同。当年美国电信行业改革，由原来唯一一家长途电话提供公司AT&T（美国电话电报公司）变成两家公司，另一家竞争对手是MCI（美国世界通信国际公司）。客户有了选择，可以自由转换，一下就把AT&T的垄断打破，美国电信服务大幅度改善，话费也大幅下降。

所以，铁路如果成立三家公司，一定要引进竞争机制，否则铁路运行会遭遇到与现在的石油化工、电信行业以及其他以国有企业为主的行业同样的问题；或者是交替使用“国有”和“垄断”的概念，在亏损的时候说是承担国有企业的社会责任，要求政府补贴，在赢利的时候刻意淡化利润的垄断性忽略相应的社会责任；或者是利用垄断，采用不透明运行经营模式，损害消费者的利益。不论铁路的三家公司运行模式属于上述哪种，铁路票价都不可能下降，只可能上升。引进乘客可以任意选择不同公司交通运输服务的竞争机制，才是改革三家公司运行模式的关键。

因此，第三种模式就是改变铁路的国有垄断格局，引进民间资本。虽然引进民间资本也不可能改变铁路目前的自然垄断特征，即铁路不会因为引进民间资本而变成完全竞争的市场，因为铁路的基础设施建设和维护都需要巨大的投资，绝对不可能采取蚂蚁雄兵式的投资和运作；但是，不同所有制的运作本身就带来竞争性，引进民间资本才能真正改变国有垄断的市场格局，形成比较有竞争性的市场结构。

如何引进民间资本，这是需要认真研究的问题。过去铁路建设也有外包给民营企业的情况，但是层层外包使资金不能落实到建设层面，带来工程质量和工资拖欠等诸多问题；而且一盘散沙式的民间资金对于动辄百亿千亿元的投资也显得很虚弱。民间资金宁为鸡头不为凤尾不易整合的性质，还有铁路投资的收益回报时间长，特别是国内铁路一直亏损的状态不易吸引热衷赚快钱的民间资金，这些都不是一句“允许民间资金投资铁路”就能够解决的。因为铁路体制长期的封闭，国内不论是在铁路建设还是机车制造以及铁路运输领域，基本都不具备民营企业诞生和成长的条件。

让民间资本参与铁路运行可以从一些特定领域开始尝试。

首先，放松一些机车零部件的配套生产。一台机车需要十几万个零部件。据了解，国内不乏生产机车零部件的优秀民营企业。只要符合相关产品质量标准，应该大规模地让民营企业成为主要的零部件制造商，推动民营企业不断向高端制造业升级，逐渐参与与“南车”“北车”的整车制造竞争。

其次，分拆一些大型项目，允许民营铁路建设企业直接参与与企业规模相匹配的项目招标。这样可以避免层层转包、资金回扣造成的豆腐渣工程后果，同时推动民间资金通过项目平台整合，为大型民营铁建企业的出现让出空间，最终民营企业能够与国企同台竞标所有的项目，甚至参与跨国公司招标竞争。

设在国家交通部内的铁道管理局属于管理部门。铁道管理部门的职能要明确，主要是制定产品和铁建的质量标准；对铁路的垄断运行进行必要的干预；监管铁路建设和运行的安全；制定民营企业参与铁路建设的具体可操作的程序规则；创造铁路建设和运行的公平竞争的环境。

铁路管理部门的管理可以创新。为了避免随心所欲各执一词特别是暗箱操作和贪污腐化的乱象，新的铁路管理部门可以尝试透明化管理，制定和公布对政府职能的执行层面的教范要求，即职能范围以及执行和问责程序等，接受相关方面和公众的监督。希望铁路体制的改革能够成为政府职能转变的可复制的典范。